EL ARTE DE CONOCERTE

Alejandra Llamas

EL ARTE DE CONOCERTE
Para conquistar tu vida
debes saber quién eres

Grijalbo

El arte de conocerte
Para conquistar tu vida debes saber quién eres

Primera edición: febrero, 2012
Primera reimpresión: junio, 2012
Segunda reimpresión: junio, 2012
Tercera reimpresión: agosto, 2012

D. R. © 2012, Alejandra Llamas

D. R. © 2012, derechos de edición mundiales en lengua castellana:
Random House Mondadori, S. A. de C. V.
Av. Homero núm. 544, colonia Chapultepec Morales,
Delegación Miguel Hidalgo, C.P. 11570, México, D.F.

www.megustaleer.com.mx

Comentarios sobre la edición y el contenido de este libro a:
megustaleer@rhmx.com.mx

ISBN 978-607-310-779-2

Impreso en México / *Printed in Mexico*

Se requiere ingenio para vivir feliz,
pero primero debes saber quién eres.

ÍNDICE

Este libro se lo dedico a mi adorado Gena con todo el corazón, el alma y lo que significa estar viva, en paz, feliz y amando la vida. Gracias por la generosidad de tu espíritu, por el apoyo incondicional, por ver siempre lo mejor de mí.

Quiero tomar un momento para respirar profundo y dar gracias sin fin; estoy acostada en mi cama escribiendo este libro; no tengo más que dulzura en el corazón, bienestar en el alma y paz en mi vida. Doy gracias otra vez. Quiero humildemente, con el corazón en la mano, extender todo el amor hacia mi familia que ha sido maravillosa en mi vida; soy parte de ellos y ellos son parte de mí.

A mis hijos Pat y Hana, seres de luz y amor incondicional: cada día que pasa los respeto más. ¡Qué calidad de seres humanos! Tengo tanto qué aprender de ustedes ¡Cómo me han enseñado de la vida! Con su ayuda he reconocido en mí a un ser humano que puede volverse amor puro y, al mismo tiempo, venerar todo lo que sus almas traen. Los amo. Agradezco a mi mami; no sé dónde acabo yo y dónde empieza ella; te adoro; a mi papá, que siempre me acompaña y atesoro su presencia en mi corazón; a Ceci y Fede, los amo; a Malu, Memo y Enrique. A todos mis sobrinos adorados; a mi tata a quien admiro como a nadie, a quien he querido como a una madre. Yoca, de quien he aprendido tanto, ha sido una madre no sólo para mis hijos, también para mí. A mis suegros que me han brindado cariño durante todos estos años.

Gracias a mis amigos, que me hacen la vida feliz; a todos ustedes que ya saben quiénes son, que me han acompañado a lo largo de mi vida y me han hecho crecer, reír y ver la vida a través de sus ojos. Para mí eso es un regalo. A mis hermanos de la vida: mi Martis, la Weinberg, mi Regis, Lalo, Le pom pom, Melanie, Princhis, Kathy, Jenny, Gaby, Erika, Mou, Maga y Roxy, Laura, Raúl, Adi, Paola, Mariana, Karina, Nachito, Manuel y Pili. Los flacos.

Gracias también a Jorge Ramos por ser mi mentor y mi amigo: he aprendido mucho de ti pero sobre todo de tu generosidad como amigo; gracias por todo el apoyo a mi trabajo, por tu interés y cariño.

A Random House, Cristóbal Pera y a Orfa Alarcón les agradezco el respaldo a mi trabajo y por permitirme poner mis pensamientos en el mundo. A Luis Armando Melgar por su apoyo incondicional, no sólo profesional sino también personal. A Gloria Calzada por apreciar tanto mi trabajo y convertirme en la *coach* de la radio los jueves; ha sido un placer trabajar contigo, y al doctor Pepe Bandera por acompañarme en la aventura de la televisión con tanta magia y entusiasmo.

Gracias a la oportunidad que tengo de estar viva. Quiero apreciar y vivir cada minuto para sumergirme en lo bello y maravilloso que es estar aquí, arrojarme al misterio, confiar en que siempre está frente a mi corazón lo mejor para mí.

Cuando somos capaces
de conocernos a nosotros mismos,
lo sabemos todo.

Bhagavad Gita

INTRODUCCIÓN Y OBJETIVOS

Empiezo a escribir, mi energía se torna serena, el silencio me gobierna. No se escribe cuando uno quiere sino cuando el ser se hace a un lado para que uno sea el vehículo de algo que se quiere manifestar. Así, me doy cuenta de que se abren los espacios en el día para que estas hojas sean escritas.

Como descubrirás en este libro, el autoconocimiento es el gran camino para nuestra transformación y crecimiento.

Quisiera dirigirme a todos aquellos que viven con la sensación de que algo les falta y que tienen el anhelo de una vida distinta. A quienes intuyan que el tiempo que tenemos sobre la tierra debe nacer de la responsabilidad y el derecho de crear nuestras propias vidas para experimentar profunda felicidad. Me gustaría compartir este libro con quienes piensan que sus vidas pueden ser más ricas, que tienen sueños sin realizar, aventuras por vivir, amores que esperan, apoyos que dar, ilusiones, realizaciones y éxitos encerrados en un futuro al que no saben cómo acceder.

Para construir nuestras vidas es importante entender qué está en juego a nivel consciente e inconsciente. Hay ocasiones en que no entendemos de dónde vienen algunos de nuestros comportamientos. Nos damos cuenta de que nos dañan pero, a pesar de ello, se repiten en nuestra vida y nos causan frustración y confusión.

Debemos comprender que, por ejemplo, si al cocinar un pastel no nos gusta cómo queda y al repetir la receta una y otra vez nos sorprendemos porque obtenemos el mismo resultado, será lo mismo que suceda con nuestra vida. El resultado de lo que creamos sólo puede ser diferente si cambiamos los ingredientes; si no, seguiremos haciendo el mismo pastel sin quedar satisfechos nunca con nuestro producto final. Cuando en nuestras vidas esperamos que el cambio venga de fuera, sin transformar nada dentro de nosotros, no debemos extrañarnos de que la misma vivencia se repita hasta el cansancio, sin darnos cuenta de que algo de nuestro interior es responsable de generar esa experiencia de vida.

Cuando tu anhelo es vivir con bienestar y armonía en tus relaciones interpersonales y lograr un mayor propósito en tu vida profesional, entonces debes alinear tus talentos y deseos con tus creencias y pensamientos.

El mundo de hoy requiere que despertemos para inventar vidas que resulten en un mundo de paz, de armonía y de felicidad. Es importante reconocer que somos seres poderosos, sagrados y una parte intrínseca de la belleza, de la magia de la naturaleza, de la profunda inteligencia del planeta.

El momento que vivimos requiere que exista en nosotros un mayor compromiso para entender quiénes somos y cuál es el sendero ideal para cada uno como individuo y como parte de la sociedad. Es importante que entendamos que venimos a conectarnos más allá de lo que este mundo representa a simple vista, a madurar y a entender nuestra verdadera esencia como seres humanos; por ello, debemos estar alertas de hacia dónde vamos a dar el siguiente paso como humanidad.

Cuando vemos las noticias no podemos dejar de percibir que la mente colectiva está enferma y es disfuncional. Cada uno de nosotros debe contribuir a sanar, en lo que le corresponde, esa mente, y despertar a la dimensión real de la vida en la que exista un florecimiento de la conciencia.

Vivimos sumergidos en nuestras pequeñas realidades. Por ello, el propósito de este libro es expandir nuestra visión del mundo para, de esta forma, construir vidas apegadas a nuestros mayores deseos, siendo conscientes en cada momento de que nada valdrá la pena si no avanzamos con la mente y el corazón en paz.

Soy mexicana y veo con tristeza que mi país atraviesa por una situación complicada… El mundo, en general, está frente a grandes retos. Al observar esto pienso que la mejor alternativa que tenemos es cambiar la conversación interna y externa; ésta es la herramienta de creación más poderosa; es a través de ella que nos alineamos con otros para crear nuevos mundos y acuerdos. Dicha conversación requiere de nuestro total compromiso con la palabra (misma que debe respaldarse con valores como la honestidad, la lealtad, la felicidad y el bienestar común) y estar dispuestos a volvernos la palabra misma. El respeto profundo de dar la palabra es lo más importante que tiene un ser humano.

Cada país, cada comunidad, cada familia y cada persona viven sumergidos en una conversación común construida por promesas, valores, creencias, acuerdos, posibilidades y declaraciones. Algunas conversaciones impulsan a la creación; en cambio, otras nos mantienen estáticos o, peor aun, enterrados en la propia miseria.

Si no hacemos consciencia de nosotros, nos consumirá el drama y la autodestrucción. La responsabilidad y la conciencia nos llevan a caminos sanos, razonables, armónicos y de paz. El simple hecho de observar cómo participamos en la vida (¿qué nos decimos acerca de nosotros, de los demás y de lo que es posible para el mundo?) crea planteamientos que abren la puerta para despertar dentro del entorno.

Vivimos dormidos sin saberlo, somos parte de grandes olvidos: quiénes somos, cuál es nuestro poder, de dónde venimos y lo que verdaderamente necesitamos.

Los que conocen mi trabajo o leyeron *Una vida sin límites* saben algo de mí. Mi búsqueda ha sido, desde hace años, lograr equilibrio y paz, y creer en la presencia de mi voz, además de responsabilizarme de ella y entender el poder que tiene la palabra en sí misma.

Me describiría como una persona con visión amplia pero con barreras emocionales. Desde pequeña he sido nostálgica, al punto de caer en periodos de depresión, aprensión y nerviosismo. De joven no me daba cuenta de que éstos eran mis ritmos y maneras de ser. Justificaba inconscientemente mis emociones con las circunstancias exteriores, como hacemos la gran mayoría de nosotros. En ese momento no me hacía responsable de mi sanación, ni siquiera me daba cuenta de que estaba mal. Por fin me harté de vivir en la oscuridad y en el drama de mis emociones para relacionarme con otros y con el mundo. Así, un sinnúmero de experiencias abrieron en mí la posibilidad de pulir mis respuestas emocionales y madurar el sistema nervioso.

Lo primero que reconocí es que debía tener una filosofía de vida que sostuviera de manera sólida las vivencias que se presentaran en el camino.

Recuerdo que cuando tenía alrededor de 24 años murió la hija de un amigo cercano de mi papá en un accidente. Ella tenía mi edad. Mi padre se sentía profundamente afectado. Preocupada, le pregunté: "¿Crees que tu amigo estará bien?" Hasta hoy me acuerdo de su respuesta: "Lo que lo salvará es que tiene una filosofía de vida que lo ayudará a superar esta pérdida".

Esta experiencia abrió para mí la posibilidad de construir, de crear y de solidificar una filosofía de vida que me diera los recursos necesarios para sostenerme en momentos difíciles y potencializar mis propósitos. Nunca he sido religiosa, mi búsqueda se ha basado en la espiritualidad individual. Desde mi punto de vista, la espiritualidad es la conexión personal con un ser divino que vive dentro y fuera de mí, es la *magia* de la vida.

El crecimiento espiritual requiere de responsabilidad y control de tus pensamientos, emociones y acciones. Para lograrlo, es necesario acceder al gran propósito de nuestro ser, regresar a nuestra naturaleza, dejar atrás creencias limitantes; vivir en un gozo auténtico y permanente la verdadera naturaleza del ser humano. Para ello, me ha sido útil el apoyo de técnicas que vienen del *coaching,* además de las filosofías provenientes del tao tse ching, la veda y el yoga.

Cuántos de nosotros hemos vivido o vivimos con pensamientos repetitivos que nos aíslan, deprimen y llenan de ansiedad. Vivir así nos sitúa en el miedo, que es la sensación que paraliza al ser humano, por la cual dejamos de observar alternativas. El miedo cobra facturas en nuestras acciones y finalmente en el resultado de nuestras vidas.

Al incrementar el dominio y la comprensión de ti mismo y de la naturaleza de la realidad, se incrementa el poder de crear y diseñar una vida congruente y satisfactoria.

En este libro aprenderemos a reconocer la importancia que tiene conocernos para entender qué está detrás de nuestros patrones de conducta y qué se pone en juego dentro de nosotros. Retomaré algunas técnicas del *coaching* (que estudia el comportamiento del ser humano) a lo largo del libro, para explicar cómo éstas contribuyen al beneficio de nuestra experiencia de vida.

En el capítulo 1 descubriremos los ocho pilares que nos construyen: ego, pensamientos, creencias, cómo vemos el mundo, cultura, emociones, trances, y lenguaje y declaración. Cada uno de ellos tiene un papel importante dentro y fuera de cada persona; por lo tanto, debemos saber qué son, cómo funcionan y en qué forma nos afectan. Todo lo dicho determina nuestra estructura fundamental y afecta a partir de dónde creamos la realidad que vivimos día a día.

El objetivo del capítulo 2 es plantear la posibilidad de reinventarnos para pulir nuestra estructura interior, con el fin de que ésta se apegue a lo que realmente queremos ser. Desde ahí podremos salir al mundo y tener una mayor influencia en lo que sucede en cada momento en nuestra vida.

Muchas de las dinámicas comunes en las relaciones interpersonales son disfuncionales. En el capítulo 3 propongo algunas ideas acerca de cómo vivir en relación con otros desde el bienestar, la madurez y la armonía necesaria para sentirte sereno, y tomar la responsabilidad de aprender de los demás y enriquecer tu propio crecimiento.

Para finalizar, en el capítulo 4 explico cómo puedes dejar de lado lo que ya no es eficiente en tu vida y comenzar a vivirla en excelencia y como la gran celebración que debe ser. Así, despertarás a la maravillosa existencia que has deseado tener.

CAPÍTULO 1

LA IMPORTANCIA DE CONOCERNOS

¿QUIÉNES SOMOS?

> Quien no tiene vida interior es esclavo de su entorno.
>
> HENRY FREDERICK AMNIEL

Aquellos que han transformado a la humanidad, los líderes que tienen visiones extraordinarias, los artistas que nos sorprenden con su habilidad y talento o los médicos que descubren posibilidades más allá de lo racional son ejemplos de personas con una poderosa visión y una capacidad innata de co-crear con el espíritu. La palabra *inspiración* quiere decir "estar en espíritu" *(in-spirit);* es decir, permitir que tu ser espiritual tome las riendas y trabaje a través de ti. Cuando esto sucede, los seres humanos imprimen gran poder a todo lo que hacen porque se encuentran en armonía con la inteligencia colectiva.

A lo largo de los últimos años, al trabajar con un gran número de personas, me he dado cuenta de que todos somos similares; partimos del mismo origen; lo que nos hace diferentes son las creencias y preferencias; por lo tanto, nuestros objetivos son los que cambian.

Lo que determina que vivamos vidas tan distintas es nuestra interpretación de las circunstancias, y es a partir de ésta de donde surgen nuestras creencias. Habrá quienes vivan un hecho como una tragedia; habrá quienes vivan el mismo hecho como una oportunidad; todo depende de la manera de observar el mundo.

Explorar esto abrió un sinnúmero de posibilidades para mí. Imagínate poder elegir quién quieres ser frente a la vida, que lo exterior no determine tus reacciones y que tus metas tengan que ver con tus sueños y no con lo que creías que estaba *predeterminado*.

En gran medida, el mundo externo es un reflejo de nuestros valores, elecciones, actitudes y preferencias. Si miras a tu alrededor, ¿qué ves?, ¿qué funciona?, ¿qué cambiarías?, ¿te ves a ti en tus circunstancias?, ¿dónde estás frente a la vida?, ¿qué quieres lograr?

¡Uff!, qué fuerte pensar que todo lo que está ahí representa tus decisiones, lo que no has cambiado o lo que no has logrado madurar.

El ser humano se concibe en dos partes (las cuales no pueden existir una independiente de la otra). Por un lado, está la etérea (espiritual), que conforma el mayor porcentaje de nuestro ser; ésta es la parte más importante; es nuestra esencia; en donde vive el amor, la paz, la gratitud, lo sagrado, todas las cualidades del espacio, no de la forma; se puede decir que la verdadera transformación de nosotros será en este nivel. Por eso es importante crear conciencia, en la mayor medida posible, de que somos seres etéreos, expansivos y conectados con el todo. Por otro lado, está nuestra personalidad, que es como un cascarón que contiene a nuestro espíritu; algunos vivimos completamente identificados con ella, pero resulta que es una versión limitada de cada uno de nosotros y sólo es necesaria para relacionarnos con el exterior.

En realidad vemos el mundo con nuestra mente, utilizamos los ojos para filtrar lo que está fuera; por lo tanto, la mente observa el exterior con la necesidad empírica de clasificar y entender lo vivido. Entre menos fijos sean nuestros pensamientos, creencias y juicios, más amplitud tendremos para ver al mundo. La mayoría de las personas está segura de que estos pensamientos y estas creencias son la verdad; por lo tanto, siguen identificándose con su referencia mental, lo que se vuelve una conversación repetitiva acompañada de un patrón que se manifiesta a través de pensamientos y emociones en las que vive el ser.

A esto le llamamos "inconsciencia espiritual"; somos inconscientes de nuestra verdadera esencia y vivimos completamente identificados con nuestras equivocadas percepciones de la realidad. Lo que pensamos se vuelve lo más importante; por ello, no vemos con ojos frescos la vida, sino empañados por un pasado o un futuro que no son otra cosa más que pensamientos.

Cuando me certifiqué como *coach,* me dijeron: "Tu mayor logro será que tus clientes puedan ver más allá de sus propios pensamientos. Todos queremos tener la razón y estamos dispuestos a todo por no perderla". Ilusoriamente creemos que ahí está nuestra identidad, una que vive apegada al ego, completamente identificada con el mundo material, racional y concreto, lo que vuelve a nuestra vida confusa, dramática y banal. De esta manera, nuestras ideas y posturas tienen un sobrevalor que invita a estar en guerra con quien no comparta nuestro mayor tesoro: la razón.

Nuestros pensamientos y nuestras creencias son tan naturales a cada uno de nosotros que generalmente nos son invisibles. En general, pensamos que nuestras creencias son similares a las de otros. El objetivo del crecimiento personal es quitar el velo de nuestros bloqueos (es decir, dar luz para revelar en qué creemos, en qué pensamos, a qué le damos importancia) y reconocer lo que no vemos, con el fin de tener una perspectiva profunda y consciente de nuestra participación en el mundo.

Imagínate la visión del mundo de alguien como Hillary Clinton, Martin Luther King, sor Juana Inés de la Cruz o cualquier personaje que consideres relevante. ¿Cómo deben ser sus creencias para lograr resultados trascendentales en sus vidas?

Mi admiración por Hillary Clinton no tiene que ver con su ideología política sino con el ser mujer. Me pregunto, ¿cómo será su visión del mundo? ¿Qué estará diciéndose? ¿Qué creencias tendrá? ¿Por qué ve todas esas posibilidades para su vida? Independientemente de su profesión, me refiero a la amplitud, a la seguridad y al poder mental que la ha llevado a donde está. ¿Qué cree acerca de ella como ser, como mujer, y acerca de la realidad?

Empecé a entender las infinitas posibilidades de estos cuestionamientos la primera vez que me planteé que la realidad de cada uno de nosotros era única, que el mundo aparecía para cada uno de diferente manera y que dependía también de cada uno crear la realidad que para nosotros fuera válida e incluso proponer nuevas realidades.

Los elementos que están en juego dentro de nosotros se dividen en dos: por un lado, la parte etérea (lo que llamamos esencia o espíritu) y, por el otro, la estructura (la cual constituye nuestra personalidad). La última se conforma por ocho pilares: ego, pensamientos, creencias, cultura, declaraciones, emociones, trances y lenguaje; es importante decir que éstos son los que filtran la manera en que vemos el mundo. Más adelante explicaré cómo construyen al ser, cómo lo limitan, por qué lo definen como si éste fuera un elemento rígido relacionado con propiedades de la materia y no de la energía, tal como le corresponde. Lo importante es despertar a la conciencia de su existencia y entender qué papel juegan en nuestra vida.

A continuación platicaremos de cómo el conocimiento de estos elementos puede ayudarnos a comprendernos mejor y a estar alertas a aquello que nos puede atrapar. Abriremos la posibilidad de embarcarnos a lugares profundos de nuestro ser, donde estos pilares serán observados y utilizados para conquistar nuestro *propósito principal:* relacionarnos con nosotros y con el entorno de manera consciente y en función de crear vidas que contribuyan a la evolución de la especie humana.

Ego versus Ser

Hace más de mil años vivió entre la dinastía Song Su Dongpo uno de los poetas chinos más virtuosos. Fue un estudiante asiduo de las enseñanzas de Buda y conversaba regularmente sobre éstas con el maestro zen Foyin. Vivían separados por un hermoso río. Una mañana el poeta Su Dongpo amaneció inspirado y escribió:

> *Hago reverencia al cielo más allá del cielo mismo*
> *Rayos como grietas finas iluminan el universo*
> *Los ocho vientos no pueden moverme*
> *Sentado en paz sobre la flor de loto morada con rocío de oro.*

Impresionado con su trabajo, se lo dio a su sirviente para que lo entregara al maestro zen, seguro de él que se sentiría con la misma emoción.

Cuando el maestro zen leyó el poema, se dio cuenta inmediatamente de que era un tributo al Buda y una declaración de su relevación espiritual.

Los ocho vientos en este relato representan adulación, ridículo, honor, desgracia, ganancias, pérdidas, ambición y sufrimiento; es decir, las fuerzas del mundo material que influyen en el corazón de la humanidad. Su Dongpo expresaba en el poema su elevación de estos retos terrenales, manifestando que en el estado espiritual que vivía ninguna de estas fuerzas podía afectarlo.

Sonriendo, el maestro zen escribió "pedo" en el manuscrito y lo regresó al poeta.

El poeta esperaba halagos y la aprobación de su despertar espiritual, por ello quedó paralizado cuando vio lo que el maestro zen había escrito en su poema, y expresó: "¡Cómo se atreve a insultar mi trabajo! ¡Voy por una explicación de su burla, viejo engreído!"

Lleno de indignación, el poeta Su Dongpo ordenó un ferry para que lo llevara al otro lado del río lo antes posible. Al llegar brincó a tierra y caminó con rapidez al templo para exigir una disculpa del maestro zen.

La puerta del maestro estaba cerrada y en la puerta colgaba un papel que decía:

Ocho vientos no pueden moverme
Un pedo tiene la fuerza de hacerme cruzar el río.

Esto paró en seco al poeta. El maestro había previsto su visita.

El enojo del poeta se disolvió cuando comprendió la enseñanza del maestro. ¿Si realmente se había refinado espiritualmente, por qué había reaccionado con tanta facilidad?

Con una simple palabra el maestro le había dado una lección. El poeta, avergonzado, pero con mayor sabiduría, emprendió su regreso. Desde aquel día el poeta se volvió un hombre humilde y no una persona que presumía tener las virtudes refinadas de un ser espiritual.

Una de las lecciones más complejas es la de saber trascender al ego. Desde el punto de vista intelectual podemos ver claramente la falla del poeta, pero en el día a día resulta un reto actuar a la altura de las circunstancias.[1]

Ahora bien, la palabra *ego* significa, en este caso, lo que creían los sabios griegos: un ser pequeño separado del ser esencial. El ego es un impostor del ser que en todo momento nos engaña para que creamos que somos él; sin embargo, es la representación de nuestro propio desamor; es el poder de nuestra mente utilizada en contra de nosotros; pretende ser el campeón cuando, en realidad, destruye y minimiza nuestras esperanzas y nuestros sueños.

El ego es un fragmento que se ha apoderado de nuestra realidad espiritual. Recrea en nosotros un reino paralelo en el que se le percibe como diferente, especial, siempre justificándose y manteniendo al resto del mundo a distancia.

[1] Inspirado en Derek Lin, *The Tao of Daily Life: The Mysteries of the Orient Revealed. The Joys of Inner Harmony. The Path to Enlightenment Illuminated*, 2007.

Al observarnos ajenos a los demás, atraemos circunstancias que reafirman esta creencia. Esta variante de la realidad es la que ha causado el infierno en la tierra.

Cuando recordamos quiénes somos, cuando nos paramos en la luz de nuestro verdadero ser es cuando el ego comienza de manera gradual a desvanecerse. La oscuridad no puede sostenerse cuando hemos decidido vivir en la luz, devotos para acrecentarla. Por esto, reconocer que nuestra esencia es amor es lo más importante que podemos hacer en cada momento.

El amor es nuestra realidad espiritual; es impenetrable en cualquier evento que hayamos vivido en el mundo material. Cuando olvidamos esto, los pensamientos nos exterminan y defendernos se vuelve el quehacer de nuestra existencia.

El ego es sospechoso en su mejor versión y malvado en la peor. Nunca debemos subestimar su capacidad de venganza. Si deseamos una verdadera sanación en nuestro corazón, no sólo sentirnos mejor, debemos cuestionarnos el fundamento de nuestro ego. Sólo cuando rechacemos la interpretación del ego acerca de quiénes somos, será entonces cuando podremos descubrir quienes somos realmente.

Somos lo opuesto y el antídoto del ego. Fuera del ego, somos parte de la esencia misma. Cada uno de nosotros, en el recorrido del nacimiento hasta la muerte, tendemos a dormirnos y a olvidar nuestro verdadero ser; es ahí cuando vivimos el sufrimiento de estar separados de la fuente sagrada de amor y sabiduría de la cual el ser se nutre.

Recordar nuestra conexión con el origen nos despierta y libera de las pesadillas que creamos. En un instante el ego puede disolverse y desvanecerse en el vacío. Reclamar la herencia espiritual y usarla para esclarecer cualquier oscuridad que viva en nosotros debe ser una alternativa atractiva para cada uno. Así, podremos vivir una vida apegada a la paz y a la realización interior.

Si partimos del reconocimiento de que somos seres espirituales, entonces podremos palpar el poder que vive realmente en nosotros y tendremos más entendimiento de nuestra salud, de nuestra posibilidad de reparar relaciones, de reconciliar naciones y de transformar nuestro mundo.

Al abrir la mente, al liberarla del mundo terrenal, ella se vuelve el conducto de nuestros milagros. Cuando la liberamos del laberinto en que la tiene sumergida el ego, descubrimos que renacemos libres para expresar nuestra creatividad y nuestras mayores pasiones como nunca antes lo habíamos vivido.

Pocos mortales han explorado el potencial que tenemos como seres humanos. Personajes como Buda, Jesús, Gandhi, entre otros, tocaron ese lugar dentro de ellos, lo que los llevó a transformar el mundo que los rodeaba, de tal manera que nunca más éste volvió a ser igual. Ellos han sido hermanos que nos han enseñado el potencial que tenemos y en lo que algún día nos podríamos convertir.

Cuando la mente reconoce el gran poder que vive dentro de cada uno de nosotros, y cuando nos comprometemos a vivir conscientes de nuestra existencia, el ego desvanece su fuerza. Así, una nueva vida surge alineada a la verdad espiritual.

Pensamientos

Una de las maravillosas enseñanzas que nos permiten conquistar la mente es el descanso de ser víctima de todo lo que sucede a nuestro alrededor. Lo primero que tenemos que saber es que la mente es la que crea muchos de los problemas que confrontamos a diario.

Para resolver estos problemas es importante parar de culpar a nuestras circunstancias, de las cuales no tenemos ningún control, y mirar dentro de nosotros. Cuando reconocemos que en gran medida somos responsables de nuestros mayores sufrimientos, podemos entonces comenzar a ajustar los pensamientos a la realidad para crear los cambios necesarios y volver a la paz.

Acabo de dar un curso de *coaching* y tengo la impresión de que es difícil explicar a mis estudiantes que los pensamientos no son la realidad, pero que al creerlos les damos la fuerza para convertirse en ella. El pensamiento es una conversación interna que crea tu realidad; por lo tanto, es difícil diferenciar qué fue primero: el huevo o la gallina.

La gran mayoría de los pensamientos negativos son falsos; al reconocerlo nos iluminamos ante ellos. Hay pensamientos que pueden señalar a la verdad, pero nunca *serán* la verdad. Cuestionar e indagar acerca de los pensamientos es un acto consciente de evaluación para decidir si éstos son buenos para ti.

Una inmensa liberación surge cuando uno verdaderamente reconoce que no se es la voz que suena en la cabeza. Pero, entonces, ¿quiénes somos? Somos quien observa la realidad, el espacio que surge dentro de uno. Somos la presencia que precede al pensamiento y que observa cómo surge este último. Cuando reconocemos que pensamos es porque estamos despertando a nuestra conciencia, lo que abre la posibilidad de ver que el pensamiento es ajeno, que hay una dimensión más profunda dentro de nosotros.

Quien no ha reconocido semejante cosa es gobernado necesariamente por su mente y vive en el infierno de los pensamientos negativos, un infierno que recibe alrededor de 60 000 pensamientos por día (¡uno por segundo!), 95% de los cuales son los mismos día a día.

La mente es como una grabadora que se repite sin parar y lo más inquietante es que las estadísticas muestran que 80% de estos pensamientos son negativos, lo cual implica que 45 000 de ellos son pensamientos que nos perjudican. Más sorprendente aún es que, en su gran mayoría, estos pensamientos negativos son falsos.[2]

Nuestra mente recibe los pensamientos basados en historias, memorias, experiencias, creencias, compromisos, promesas e

---

[2] Marci Shimoff, *Happy for No Reason: 7 Steps to Being Happy from the Inside Out*, Simon and Schuster, 2009.

ideas. Los pensamientos son energías que fluyen a través de nosotros, sin ser la mente una excepción. Nadie tiene la exclusiva de ellos. Por ejemplo, pensamientos como "estoy gorda" o "no valgo lo suficiente" entran y salen, pero habrá quien los suelte y habrá también quien se "identifique con ellos", consiguiendo que los pensamientos gobiernen su realidad.

Cada pensamiento crea una emoción positiva o negativa, por esto es muy importante tener conciencia de lo que pensamos y decidir cuáles pensamientos queremos hacer nuestros y cuáles no. Nosotros tenemos ese poder.

Los pensamientos y la historia

Hace unos días tuve una sesión de *coaching* con un cliente: Mario, después de 15 años de casado con su mujer y de haber tenido dos hijos con ella, está en proceso de divorcio. Se resiste a la idea de divorciarse, pero ella ha sido muy clara en transmitirle que ya no siente nada por él y que desea su libertad. Él vino a verme devastado; está haciendo todo lo posible por "salvar a su familia". Han ido a terapia juntos, se ha humillado al estar dispuesto a someterse a cualquier arreglo o petición que ella le haga por "el bien de su familia y de sus hijos". Su creencia dicta que "el matrimonio es para toda la vida" y debe "estar dispuesto a todo para luchar por su familia". Sentado frente a mí, con profunda tristeza, me cuenta de su deseperada situación y de lo impotente que se siente; hace días que no duerme, no come, y bebe alcohol por las noches en su desesperación.

Revisemos qué ideas y conceptos podrían ayudar a Mario en esta situación y regresarlo a un lugar de paz.

1) No nos podemos apegar a creencias sociales ni morales.

En *coaching* no nos apegamos a creencias idealistas sobre cómo queremos que sea la vida. Las personas perfectas no existen, y las reales no están hechas para amoldarse a una conciencia tal que responda a las virtudes estipuladas en reglas. Las personas somos de mil maneras y tomamos un sinnúnero de decisiones en la vida que, en gran medida, se sitúan fuera de estas creencias sobre el "bien ser".

En este caso, si la esposa ya no quiere estar casada, es su derecho y su decisión. Mario se apega al "bien ser" de sus creencias y ella se vuelve "la mala" porque él ve mayor virtud en su postura. Esto es el común denominador que abre la puerta a las guerras entre los seres humanos.

Nos volvemos juiciosos y atacamos justificando nuestras creencias sobre cómo debemos ser; con este derecho nos volvemos víctimas de las acciones de los otros y comenzamos una vida donde existe la posibilidad del antagonismo y la pérdida del amor. Lo sano es respetar la naturaleza del otro, sus decisiones y acciones.

Es fundamental tener como mayor propósito nuestra salud mental y la paz del corazón. Cuando las circunstancias no se apegan a las expectativas propias debemos regresar a nosotros mismos para asegurarnos de lo que es posible (aunque a veces parezca difícil, pues es muy probable que nuestras historias sean respaldadas, entendidas y justificadas por la cultura en la que vivimos, lo cual implica tener creencias compartidas por quienes nos rodean y, por lo tanto, que sea complicado clarificar la posición en la que nos encontramos).

2) No podemos cambiar la realidad.
Mucho del sufrimiento que analizo en mis consultas proviene de lo que las personas tenemos qué decir ante la realidad cuando ésta no nos gusta, pero la realidad es lo que es. En el caso de Mario, su esposa ya no lo ama y desea ser libre. Él puede pelear a causa de eso, discutirlo, creer que puede alterarlo, pero la realidad es. Cuando acepte relacionarse con lo que es se regalará la libertad también. No se nos pregunta si la realidad

nos gusta; sólo existe como tal. La sabiduría surge cuando a pesar de ella podemos ser felices. Lo mismo se aplica a una enfermedad, una muerte o cualquier otro hecho similar.

3) El otro no se vuelve "el malo" de la historia por no compartir nuestras creencias.

Cuando nos presentamos ante la vida con la posibilidad de que haya "malos" en nuestras circunstancias, estamos dispuestos a sufrir, a volvernos la víctima de alguien y a negarnos a tomar la responsabilidad de sanar la situación para vivir felices.

Si en tu vida existe "el malo", pide una disculpa, porque has usado sus acciones, decisiones o comportamientos como raíz de tu miseria. Salta de ese juego y regresa a ti. Analiza lo que es posible en este momento, toma completamente la responsabilidad y deja ir lo que no puedes cambiar. Muévete a otro lugar y no permitas que el otro sea la justificación por la cual has abandonado tu poder.

4) Pensar que otros deberían hacer lo que es mejor para nosotros es una fantasía.

Cada vez que iniciamos una oración con "él debería" o "ella debería" estamos predispuestos a sufrir. Las personas hacen, dicen y piensan lo que desean; nosotros ilusoriamente creemos que tenemos el poder de cambiarlos, y esta disfunción mental crea el mayor número de conflictos entre los seres humanos. "Ella debería amarme", "ella debería querer lo mejor para nuestra familia", "ella debería ser más dulce" son frases que suenan razonables pero que, al no corresponder con la realidad, nos provocan sufrimiento y desbalance en nuestro ser.

Nos ponemos en pausa para ser felices hasta que el otro haga o cambie algo. Es tan común ver esto en *coaching* que se vuelve transparente. Cuando lo explico a las personas les queda claro; sin embargo, la siguiente vez que vienen su expresión comienza así: "Estoy triste porque mi mujer me habló mal, no me quiere y no ha accedido a hacer nada por los niños. Estoy deshecho". Lo que aquí está implícito es que ella debería amarlo y preocuparse por los niños de la manera en que lo hace él.

¿Es la realidad? No. Si sigue siendo la víctima, deseando que ella sea como él quiere, sufrirá en esta situación hasta que se harte.

5) El ego va a regocijarse en una situación a largo plazo en la que te haga creer que eres la víctima; entonces, dejará lugar para el ruido mental y para las emociones más pobres.
No nos damos cuenta de que la trampa más grande es a la que nos somete el ego, pues justifica una situación determinada para poseernos a su merced y, de esa manera, invadir nuestro diálogo interno y nuestras emociones con su veneno, para apoderarse de lo mejor que tenemos.

6) Si no vivimos conscientes de nuestro poder, se lo daremos a otros para que sus decisiones y acciones tengan una respuesta inmediata en nuestro bienestar.
Debemos estar atentos a cuál es nuestro mayor propósito como seres humanos: ganar batallas o estar en paz. Elije tus batallas, lucha con un corazón en paz y con una mente clara para el bienestar común.

Deja de reaccionar hacia los otros y crea con ellos acuerdos que respeten el decir de cada uno. Busca el balance y regresa a tu poder emocional. Las cosas no son como deberían ser en un mundo ideal; los seres humanos y las circunstancias son como son, y nuestra maestría reside en cómo nos relacionamos con lo que aparece en cada momento.

Una historia como la que cuenta Mario en este libro representa una serie de pensamientos o secuencias de pensamientos que hemos tomado y vivido como realidad. *La situación es el divorcio y la historia es su interpretación de este hecho.* Estas historias pueden ser del pasado, del presente o del futuro; nos pueden hablar de cómo deberían de ser las cosas, de cómo deberían haber sido o de por qué son así. Las historias aparecen en nuestra mente todo el día (cuando alguien tiene un comportamiento que no nos parece, cuando no nos regresan una llamada, cuando tu jefe te llama a la oficina, cuando tu madre no cambia su manera de ser o cuando un ser querido se enferma o muere).

Estos pensamientos que se vuelven historias no investigadas se transforman en teorías acerca de la realidad. Cuántas veces nos ha pasado que nos damos cuenta de que sufrimos porque inventamos relatos en nuestra mente acerca de los demás: "Seguro se enojó conmigo, porque ya no me llamó"; "no creo que le haya caído bien"; "esto no debería estar pasando". Inventamos una historia que justifica nuestra posición insegura, rara o fuera de lo real, para darnos cuenta más adelante de que nuestro cuento era sólo una fantasía que no tenía que ver con la realidad, lo que nos provocó vivir sin la posibilidad de estar en paz.

La ansiedad nace en frecuentes ocasiones de las historias mentales, de lo que pudiéramos perder, de lo que pudiera suceder, de lo que no se nos va a conceder. *La mente nos inunda de justificaciones y pensamientos que le dan vuelo a nuestra tortura mental, misma que nos aleja de la realidad y del presente.* Tú puedes reconocer a una persona que se encuentra absorbida por su relato mental porque está ansiosa, lejana y ausente. La vida se lleva a cabo en sus pensamientos y no en la realidad.

Vivir ahí nos lleva al miedo, nos vuelve reactivos y nos coloca en una actitud defensiva; el mundo se vuelve peligroso en tanto nos convertimos en un pequeño personaje al que le pueden quitar algo: alguna cosa, la seguridad en sí mismo, su futuro o su valor.

Al responder de tal modo nos situamos en una posición de guerra, sin estar conscientes de que sólo estamos reaccionado desde un pensamiento no verdadero y, por lo tanto, ante el mundo de nuestra imaginación; frente a un mundo creado por nuestra mente, lejos de lo real.

Es importante reconocer que esa historia, aunque nos quiera engañar haciéndose pasar por la realidad y, además, aunque muchas personas coincidan con ella, no es más que una ficción a la que le otorgamos el poder de convertirse en lo que somos: *yo y mi historia.* Yo, la enferma, a la que la dejó el marido, la que sufre por el pasado, la que no tiene lo que quiere, la que no puede ser feliz por culpa de…, la que busca siempre a quién contarle su historia con la cual está completamente identificada.

En este caso, los seres viven *siendo* el ego, viven en un falso sentido del ser que necesita una historia en la cual existir y a través de la cual justificar sus acciones, reacciones, emociones y objetivos de vida. Este tipo de personalidades viven adictas al drama, y si no lo reconocen no despertarán al reconocimiento de que sus escenarios y reacciones en gran medida son creados para saciar esta adicción biológica.

Cuando el ego encuentra una identidad dentro de nosotros es difícil que se desprenda de ella; así que si puede engañarnos acerca de que somos nuestras historias así lo hará, pues eso lo mantiene vivo y con fuerza. Para saber si estás viviendo dentro de una historia basada en el ego identifica si dentro de ti existen resentimientos, enojos, iras, quejas u otros sentimientos negativos. Reconoce qué te estás diciendo, qué le está dando fuerza a estas emociones. Puede ser una historia contra alguien o algo o contra alguna situación. La historia te mantiene preso y se ha vuelto tu circunstancia; mientras no reconozcas que el ego es el único que gana en tu vida, ésta será regida por él y por tus circunstancias.

Una persona que se victimiza necesariamente precisa de una historia, un pasado. En el presente la historia ya no es, la víctima muere y, por lo tanto, el ego también; de ahí el gran poder de vivir en el ahora. Debemos estar alertas a que la identificación del ser sea con el espíritu esencial, todopoderoso, libre y eterno. Así es como nace la posibilidad de liberarnos del ego y conectarnos con la esencia misma.

Una pregunta importante es: ¿qué está pasando realmente? Para contestarla, es vital apegarnos a los hechos y limpiarnos completamente de interpretaciones y aseveraciones.

Un ejercicio poderoso es el siguiente. Toma una hoja de papel y divídela en dos; en un lado escribe el hecho que está sucediendo o tu *historia,* en el otro lado escribe lo que piensas acerca de lo que pasó, es decir, tu interpretación.

Ejemplo:

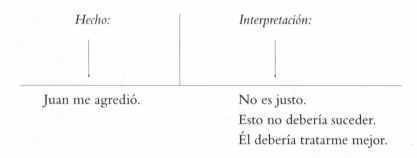

Hecho:	*Interpretación:*
Juan me agredió.	No es justo.
	Esto no debería suceder.
	Él debería tratarme mejor.

El hecho es lo que es; debe permanecer neutral, simplemente *es.* Si aceptamos el hecho de esta forma, podremos actuar frente a él con responsabilidad y definiendo quiénes queremos ser. Desde ahí podremos determinar nuestra siguiente acción. Si no logramos neutralizarlo, al clasificarlo como malo comenzaremos con la historia que lo respalda y nunca seremos capaces de superar dicha situación. Si quieres trascender un hecho que has vivido tienes que sacarlo de la historia, soltar los pensamientos que lo acompañan, para que así se disuelva la energía y el poder que tenían sobre ti.

La interpretación del hecho se vuelve la raíz de nuestra historia; habla de nuestros enojos y frustraciones, y nos vuelve víctimas de ella. Cuando la historia nos define y reaccionamos a partir de ella, nos volvemos seres pequeños, sin mayores posibilidades. Nuestras interpretaciones (pensamientos) de los hechos nos definen y determinan finalmente nuestra vida.

Nunca experimentarás una sensación estresante que no se relacione con "entretener" un pensamiento (hacerlo nuestro); a partir de ahí construirás la historia que te mantenga incómodo.

Detrás de cada sensación molesta que vivimos hay un pensamiento falso o que se contrapone a la realidad.

Lo productivo sería investigar el pensamiento antes de tratar de cambiar la realidad. Como mencionamos anteriormente, cada pensamiento que empieza con "él debería…", "ella no debería…", "él no debería haber hecho esto" es una invitación a sufrir, que nos conduce a tratar de cambiar lo que no nos gusta del exterior, sin considerar que sería más dulce soltar el pensamiento, nos liberaría de la posición de juzgar y de ver el mal en el otro. Sólo estamos proyectando en él lo que no nos gusta sobre nosotros mismos o lo que nos estamos permitiendo vivir a través de otros.

Analicemos brevemente el caso de la mujer que es agredida por Juan; ella puede vivir con la historia de que él no debería agredirla y todos estaremos de acuerdo. Pero, ¿cuál es la realidad? La pregunta no es si nos gusta o no el hecho; es decir, lo que no podemos debatir es que él la agrede, y mientras apeguemos nuestros juicios a ideas morales o sociales que entran en conflicto con la realidad, estamos viviendo en un lugar sin el menor poder. Sería más productivo plantearnos lo siguiente: "Él agrede (es la realidad); no es personal, así es él".

¿Quién quiero ser frente a esta realidad? Desde ahí es fundamental construir al ser para tomar la decisión de que se alinee con la persona que se *quiere ser*: la víctima de la realidad o la que tiene la posibilidad de crear una realidad propia, en la que desaparezca la persona que agrede. Es importante tener en mente la idea de no querer cambiar a la persona; sino, por el contrario, cambiar nuestra percepción de lo que es posible y valioso para nosotros en esta vasta realidad.

En esta situación, dicha mujer vivió la experiencia de ser agredida por Juan; eso sucedió, no podemos hacer nada frente a ese pasado. Ahora es responsabilidad de ella tomar acción para poner límites, salir de ese lugar o tomar la acción que vaya de la mano con su bienestar. Ahí está su poder. Si no toma ninguna acción para remediar esta realidad y Juan la vuelve a agredir, ella asumirá su parte en esa agresión. *La primera vez es agredida por Juan; la segunda vez es agredida por ella misma.*

En gran medida los seres humanos nos enojamos y frustramos con nosotros mismos por permitir situaciones destructivas, por no tener el valor de confiar en nosotros, por pagar precios altos al no dar el paso a una vida mejor para nuestro espíritu. Cuántos de nosotros proyectamos nuestros enojos en los demás porque no podemos admitir que si estamos en una determinada posición es porque no hemos tenido el valor de analizar por qué nos encontramos ahí. Debemos reconocer nuestras fuerzas y, en casos como éste, pedir apoyo, primeramente para sanar y después para crear un plan de acción. En nuestro camino siempre existen luces y, aunque éstas sean pequeñas, tenemos la responsabilidad de caminar hacia ellas.

El gran despertar de cada uno es vivir la realidad que queramos inventar; es ahí donde reside nuestro poder: salir de la queja y vivir en la creación. El reto es que en este lugar se requiere responsabilidad y valor. ¿En qué lugar vives tú?

Vivir en nuestras historias evita reconocer que eres el *responsable* de tu sufrimiento, y que tú eres el liberador que has estado esperando, tú eres responsable de darte lo que estás *exigiendo* de otros. Libera a los demás para que puedas liberarte a ti mismo. El indagar acerca de la validez de nuestros pensamientos y dejarlos ir evapora el sufrimiento que ellos nos provocan.

Existe una diferencia entre dolor y sufrimiento

El dolor es legítimo cuando un hecho nos lastima, como la muerte de un ser querido, la enfermedad de un ser amado o cualquier otra cosa que nos cause un impacto fuerte. *El sufrimiento es lo que nos queda cuando al pensar en el hecho éste todavía nos lastima, a pesar de que el dolor inmediato haya sanado.* Es importante reconocer que lo que nos mantiene mal ya no es el hecho en sí, sino pensar en él. Los pensamientos que despiertan emociones y tristezas son los que nos hacen sufrir. En *coaching* lo llamamos *dolor inauténtico.*

Pensamientos en la cultura

Cuando nos embarcamos en la gran travesía de conocernos y de lograr crecimiento espiritual, uno de los principales cambios que se manifiestan es la alteración de nuestra perspectiva. La principal tarea entonces se vuelve observar la vida con la mayor apertura posible.

Así, vemos que los pensamientos y la visión de la vida tienden a ser de largo plazo; esto es porque los grandes planes requieren de una gran visión. Las aspiraciones se elevan más allá de lo terrenal. Desde este nuevo lugar, los detalles de la cotidianidad, que antes robaban nuestra paz, ahora no tienen la importancia que les solíamos dar.

Existen diferentes tipos de pensamientos. Éstos juegan un papel importante en nuestras vidas cuando pretendemos definir con ellos quiénes somos, lo que provoca una reducida perspectiva de la realidad. Están, por ejemplo, los colectivos, que son aquellos que hemos aceptado como verdaderos sin darnos cuenta. El pensamiento "no soy suficiente" existe en muchos de nosotros, lo hemos aceptado como fundamental y nos lleva a sentir que no somos adecuados, que somos imperfectos, que tenemos que cambiar, mejorarnos; esto nos hace vivir con culpa, con angustia y con una distorsión completa de nuestro ser.

Cuántos de nosotros vivimos todos los días tratando de probarnos que valemos, fijándonos metas y adquiriendo cosas materiales para "ser alguien". Nuestras decisiones y acciones provienen de un ser carente que necesita ser llenado desde el exterior. Hay una distinción importante entre desear y necesitar. El deseo es una característica amorosa y sana del ser humano. Necesitar que algo suceda surge del miedo, de ese ser que está sumergido en las creencias inconscientes de una sociedad incompleta que no se ha detenido a indagar el origen de sus impulsos.

No estar despierto a la intención que está detrás de cada acción nos individualiza y crea un entorno competitivo, basado en ilusiones que sostienen la idea de que hay seres inferiores y seres superiores; nos caracteriza, nos genera diálogos pobres, nos impulsa a propósitos superficiales. Sin poner atención a las consecuencias de estos pensamientos, vivimos entonces una realidad disfuncional y, por ende, con una carencia permanente, y es ésta con la cual nos relacionamos unos con otros y con nosotros mismos.

Tu manera de estar presente crea la fuerza e integridad de lo que quieres manifestar. Aquí radica el arte de salirnos de los pensamientos y las historias para aterrizar en la neutralidad del ser, libre de los pensamientos rígidos y complicados que necesariamente nos proyectan al futuro, ese futuro que sólo existe para sostener anhelos de la mente que nos mantienen en carencia espiritual.

El pensamiento crea o desvanece el mundo que ves a tu alrededor. Hay un estado de paz antes de que aparezcan los pensamientos.

¿Cómo es tu autoestima? ¿Tienes confianza en tu trabajo? ¿Quién eres como padre? ¿Quién eres como la persona que quiere conquistar sus sueños, como ser sin ningún pensamiento que te clasifique, limite o maltrate? ¿Quién eres antes de que aparezca un pensamiento? Eres un estado de paz y de silencio que descansa en su corazón.

CULTURA[3]

Había una vez una ola pequeña, en medio del gran océano, que vivía infeliz. Se comparaba con otras olas; quería tener la fuerza, el tamaño o las virtudes que veía en ellas. Una ola que pasaba escuchó su lamento y decidió parar.

—Sufres porque no ves tu naturaleza con claridad; piensas que eres una ola y crees que eres sufrimiento, pero en realidad no eres ninguno de los dos.

—¡Qué! —exclamó la ola sorprendida—. ¿No soy una ola? Tengo mi curva, observa; mira mi oleaje, es pequeño pero existe.

—Esto que llamas "ola" es la forma que has adquirido por determinado tiempo. Eres sólo agua. Cuando comprendas que eres parte del agua, que ésta es tu naturaleza, no te confundirás más acerca de ser una ola, serás libre de tu miseria.

—¿Si soy agua, qué eres tú?

—Soy agua también, temporalmente asumo la forma de la ola, al parecer más grande que tú, pero eso no cambia mi esencia: agua. Soy tú y tú eres yo. Somos parte del todo, somos parte del más allá.

Sí, como la ola estaba inmersa en aquel gran océano, nosotros vivimos inmersos en nuestra cultura. Nacimos dentro de un contexto en el cual el ser humano tiene la necesidad de clasificar, codificar y comunicar para lograr su integración y sobrevivencia. Cuando nacimos todo estaba ahí, rodeándonos: qué creer, qué era aceptable de nosotros, qué expectativas había para nuestra vida. Nos enseñaron a pensar, a calificar lo bueno, lo malo, lo bonito, lo feo, lo mejor, lo peor. Los conocimien-

3 ... *op. cit.*

tos, los conceptos, las reglas, los valores y la manera de interactuar con el mundo se entretejieron en nuestra experiencia de vida desde que nacimos.

Nuestro ser fue creado inmerso en un sistema de creencias ya consolidado. Lo que me gustaría que reconociéramos es que, a pesar de que existen valores, también hay una carencia de ellos que sobresale en la relación con nosotros mismos y, por ende, con los demás. La cultura en muchas ocasiones nos deshumaniza, dando valor a la perfección, a lo superficial y a los juicios con los cuales nos relacionamos entre nuestros iguales. Esta disfunción de mensajes nos aleja en gran medida de la verdadera esencia del ser, nos impide amar nuestra imperfección y nuestras diferencias, y ser felices al dejar atrás los calificativos y las clasificaciones que parten de la ignorancia y del miedo.

Hace muchos años que el ego gobierna la conversación de la cultura; ello ha sucedido porque nos hemos sobreidentificado con nuestros pensamientos y con las emociones que ellos arrojan. Si no replanteamos los acuerdos apegados al mundo físico, ése que cada uno de nosotros decidimos hacer de manera consciente e inconsciente con el ego colectivo, viviremos a merced del exterior.

Al no despertar de lo aparente, el mundo material gobernará nuestro espíritu, nos hará daño y nos destruirá.

Mientras no salgamos conscientemente de este juego al que nos lleva la cultura, en tanto no demos el paso para rendirnos al amor incondicional *(amarnos siempre, por encima de todo y a pesar de todo),* nunca encontraremos la paz y la satisfacción que buscamos *fuera.* Enamórate de ti y te enamorarás de la vida.

El enamoramiento se vive en el presente; es un pensamiento generoso del que surge una emoción proyectada hacia alguien o algo. Sentir su vibración produce el néctar que se necesita para estar bañados en profundo amor, y sólo se crea en el ahora. Si decidieras, podrías enamorarte de ti en este momento, tu regalo sería despertar a la paz. Enamórate de ti, de tu espíritu, de tu alma, y te enamorarás del mundo y de sus habitantes (una persona feliz no desea el mal de nadie).

Es nuestra obligación despertar dentro del entorno y lograr una perspectiva única, con el fin de reconocer qué es lo auténtico para cada uno de nosotros. El reto es lograr esta abstracción, pues somos parte intrínseca de lo que nos rodea y es fácil que nos absorba. Lo imprescindible es despertar al cuerpo interior y tocar el lugar dimensional donde vive la profunda felicidad del ser. Hazlo como un ejercicio: cierra los ojos y respira profundo; es ahí desde donde debemos volver a surgir, en cada momento, conscientes de nuestro despertar.

Una conversación auténtica dentro de una cultura es capaz de transformarla de manera colectiva y llevarnos, a los que estemos dispuestos y preparados, a dar un salto cuántico de conciencia. *Despertar del ego y vivir en la paz es la forma de crear nuevos acuerdos y conversaciones que se alineen a lo que ahora es legítimo como seres humanos.* Un líder espiritual es la esencia viviente que personifica una visión y con ella involucra a otros en la transformación. La cultura cambia cuando se crean nuevos acuerdos y, por lo tanto, nuevas interacciones sociales, como veremos más adelante en el caso de la vida de Gandhi.

CREENCIAS

En enero del 2009 decidí poner en práctica todo lo que había aprendido en los últimos años de estudio. Reconocí que evidentemente lo que nos limita o proyecta de manera significativa son nuestras creencias. Éstas definen quiénes somos; además, a través de ellas interpretamos la realidad. La creencia es algo que hemos decidido tomar como la verdad. Evalué entonces la posibilidad de cambiar muchas de mis creencias y sustituirlas por unas que reinventaran quién podía ser. Me pregunté, pues, ¿quién quería ser ahora? y ¿qué era más interesante, poderoso e inspirador para mí?

Si me hubieran dicho que mi vida a los 40 años iba a ser lo que es hoy, intuitivamente me hubiera gustado, pero no me hubiera sonado razonable. En los últimos dos años he abierto un sinnúmero de posibilidades.

Inicié mi proceso de reinvención al cerrar mi negocio de yoga y *coaching* en diciembre del 2008, pues la crisis económica me afectó directamente. Tenía dos opciones: no aceptar la realidad de mi negocio o cerrar y ver qué seguía para mí.

En este caso podía ser la que fracasó, si es que me metía a la conversación de la cultura, o la que triunfó, si lo vivía desde el *coaching,* en donde el fracaso no existe y todo se vuelve retroalimentación, experiencia y aprendizaje. Reconocí lo que estaba en la mesa para mí; me di cuenta de que también era posible ser la que tenía un escrito pendiente que ahora podía terminar y volverme escritora (a pesar de ser disléxica y diseñadora de origen); podía ser la que se deprimía o la que empezaba con algo nuevo. Yo invento quién soy y a dónde voy. Hoy reconozco esto. Lo que importa es que nosotros somos quienes le damos fuerza a las creencias y son éstas las que nos llevan a la paz o a la guerra.

Me di cuenta de que a los 38 años podía transformarme: cambié mi manera de vestir, volví a interesarme por mí, traté de sentirme y verme bien: me renové. Empecé a explorar todo lo que había en el mundo para mí, no como la identidad limitada que tenía de Alejandra, sino como un ser libre lleno de posibilidades que podía jugar en la vida con absoluta libertad, sin tomarme nada personal. Si no era ahora, ¿cuándo?

Sin tiempo que perder cambié mi actitud. Cuando quería visitarme una depresión o un pensamiento repetitivo cuya intención era minarme, hacía algo divertido, me olvidaba. Así, me tomé la vida más ligera.

Estos dos años han sido maravillosos, llenos de vida, de oportunidades, de momentos para conocer gente y estar en el mundo. Al final no soy nada y soy todo. Me construyo según lo que necesito; no tiene que haber nada fijo en mí; lo que perdura es la lealtad, la integridad y el ser: mi palabra. Es importante reconocer que soy un ser que es parte del todo, un ser ilimitado que se nutre del amor y la belleza de la naturaleza; volver a ver la vida desde este lugar me permite comprender que lo que sucede en el plano físico tiene menor importancia. Esta libertad me la dio todo lo que les comparto en este libro y ha hecho de mi vida una experiencia divertida, poderosa y feliz.

Como mencioné al principio, mientras no despertemos y entendamos que nuestras creencias son los propulsores para construir la realidad, seguiremos justificando nuestras guerras, nuestros ataques, nuestros logros y fracasos con ideas que en gran medida están respaldadas social y moralmente. Existen muchas creencias que parecen razonables o que se basan en ideologías que pertenecen a la conversación en la que hemos crecido, las cuales son alentadas por nuestra cultura, pero, además de volvernos ciegos frente a ellas, nos crean limitaciones de género, de condición social, y de moral, entre otras.

Las creencias deben ser revisadas y cuestionadas constantemente, ya que son trampas que no reconocemos (en su gran mayoría nos hacen sentir inferiores o superiores a los demás; por lo tanto, son responsables de los conflictos, generalmente llenos de prejuicio, que tenemos unos con otros). Idealmente deberían ir de la mano de la tolerancia y la aceptación de la naturaleza del otro, con base en el bienestar y el amor.

Un ejemplo de esto son las ideas fanáticas de ciertos religiosos que se sienten con el derecho de juzgar, someter y atacar a los demás sólo por una creencia determinada. Qué lástima que todavía hoy nos gobiernen estas creencias que nacen del miedo y la ignorancia, y que no nos hayamos detenido para analizar en qué creemos como sociedad y qué resultados nos da esto en la experiencia como comunidad y como seres sociales que somos.

El propósito en esta nueva era es aprender a estar juntos, a convivir, a tolerar y a aceptar nuestras diferencias; a reconocer que cada uno crea su realidad y que el hecho de no estar de acuerdo con la realidad de otros no nos da derecho a someterlos y acabar con ellos.

Las creencias son convicciones; no importa si son correctas, reales, buenas o malas, ante nosotros se convierten en realidad. Nos hablan de valores y preferencias. Lo relevante es evaluar si éstas son el apoyo para producir los resultados que quieres en tu vida.

Las creencias determinan nuestros comportamientos y acciones. Vivimos sostenidos por ellas. Incluso la persona que somos está construida por lo que creemos acerca de nosotros y a partir de esto construimos nuestra realidad; es decir, vemos y actuamos sobre lo que creemos; pero esa realidad cambia necesariamente en cuanto se modifica una de nuestras creencias.

No podemos ver lo que no creemos. Por ejemplo, si tienes la creencia de que hay que trabajar duro para ganar dinero, cuando salgas al mundo será exactamente lo que verás: trabajos duros, y el esfuerzo que conlleva ganar dinero.

Si se presentara en la realidad un trabajo placentero, de pocas horas, que te diera la misma cantidad de dinero o más, ni siquiera tendrías la capacidad de percibir la oportunidad. Simplemente no vemos lo que no creemos, pasa por encima de nosotros, no lo oímos y no lo consideramos.

Es tan importante para cada uno de nosotros conservar y proteger lo que creemos, que, al salir al mundo, haremos hasta lo imposible por evidenciar nuestras creencias y, así, sentir que vivimos en la verdad y dentro de la razón. De la vasta realidad, sólo distinguimos lo que espejea aquello en lo que creemos; de esta suerte, limitamos el poder de observar todo lo que es posible para nosotros.

Ahora bien, el ego está dispuesto a aferrarse a las creencias porque definen su identidad. El gran aliento es que lo que creemos lo podemos cambiar, extender y modificar; al final, son sólo creencias por las que tenemos preferencia. El reto es reconocer que existe un gran universo que no vemos (los puntos ciegos), y que es eso lo que limita nuestra experiencia de vida; o sea, *no vemos las cosas como son, sino como nosotros somos en determinado momento.*

Cómo vemos el mundo

Este modelo nos permite entender cómo se constituye el ser humano y la manera en que éste observa el mundo.

Potencial puro*

*Modelo registrado por Alejandra Llamas, INC

47

Este modelo muestra cómo se construye nuestra visión del mundo. Por una parte, están nuestras prácticas diarias, o sea, nuestros hábitos, lo que hemos decidido hacer todos lo días; por la otra, aparecen nuestros pilares, los que constituyen nuestras creencias, declaraciones, cultura, trances, lenguaje, pensamientos y emociones. La suma de todo lo anterior crea nuestra realidad a través del filtro mediante el cual interpretamos las experiencias y clasificamos, analizamos y determinamos nuestros objetivos y preferencias.

Lo que percibimos fuera de nosotros es lo que proyecta nuestra mente; nuestros ancestros lo llamaban *Maya,* que quiere decir ilusión. Es importante reconocer que el estado mental de la mayoría de los seres humanos contiene un elemento fuerte de distorsión y locura. Dicha distorsión de lo que vemos se puede convertir en una enfermedad mental colectiva. Ramana Maharashi, un gran sabio de la India, decía: "La mente es maya".

LAS EMOCIONES

Hace unos días estaba mi hijo Patricio, de nueve años, jugando con su papá futbol americano. Mi hijo, en un acto impulsivo de quitarle la pelota, sin querer le pegó en sus partes nobles. "Uyyyyy", gritó el papá. Patricio, al darse cuenta de que lo había lastimado, lloró, sintiendo culpa y preocupación. El papá, tirado en el piso, se quejó unos minutos. Después se levantó y tuvo que irse a una junta de trabajo. Patricio se sentía fatal, no dejaba de llorar y quería explicarme que el golpe no había sido intencional. La culpa lo tenía dominado. Fue interesante ver cómo funciona la mente: en medio de su llanto, le dije que su papá estaba bien, que lo dejara ir; pero no podía, su mente seguía pensando en lo que había sucedido y esto le daba cabida a la culpa que lo mantenía gobernado.

Le dije que íbamos a hablar sobre el oso de peluche que está en su recámara.

—¿Cuántos años tiene tu oso?

—Cinco.

—¿Es hombre o mujer?

—Hombre… —Después de unos minutos, su mente distraída soltó la emoción y dejó de llorar; pero cuando paramos de hablar se acordó del suceso y el sufrimiento se apoderó de él con la misma fuerza:

—¿Qué te hace sufrir? ¿Lo que pasó o lo que piensas de lo que pasó?

—Lo que pienso.

—Entonces si hablamos del oso ya no sufres y si piensas en lo que pasó vuelves a estar mal —así es la mente, puede sostener un pensamiento a la vez.

Una emoción es un sentimiento que nace de una reacción hacia algún hecho experimentado desde la interpretación mental. La emoción se vuelve la respuesta del cuerpo sobre un pensamiento a través de conceptos mentales (bueno, malo, mejor, peor, etcétera).

Las emociones que tienen que ver con culpa o miedo provocan que la película de la mente no pare. Por eso, cuando Patricio reconoció que la mente lo hacía sufrir y que podía elegir en qué enfocarla entendió el origen del sufrimiento y eligió, por fin, dejarlo ir.

Cuando vivimos a merced de nuestros pensamientos, experimentamos lo que se llama *veneno emocional*. De esta forma, el cuerpo responde a un pesamiento reactivo que aparece como verdad: el corazón se acelera, suelta adrenalina y el sistema nervioso se pone en estado de alerta. Toda esta energía se encierra y no tiene escapatoria; parte de ella regresa a la mente, creando más estrés mental, y el sobrante se distribuye en el resto del cuerpo, convirtiéndose en energía tóxica que interfiere con la armonía, el equilibrio y la salud (una manera de liberarnos de esta energía tóxica es la yoga, la meditación o cualquier práctica que nos lleve a ver la vida desde una perspectiva más amplia).

El cuerpo emocional de una persona responde a ciclos, reacciones aprendidas, adicción por alguna emoción, y se vuelve el filtro mediante el cual vivimos.

En el cerebro, dichas respuestas emocionales crean patrones en los neurotransmisores. La felicidad radica específicamente en el neocortex y se refleja en el cuerpo. La ansiedad y el miedo se generan en el cortex prefrontal; éstos producen una sustancia química a la cual nos volvemos adictos, que procesa la amígdala y la estimula; a esto se le llama *amígdala caliente*. Para sanar este estado es necesario romper hábitos de reacción-respuesta. Los patrones de pensamiento moldean los neurotransmisores y así se convierten en la manera de operar de la mente y del ser.

El objetivo es romper estos patrones a nivel biológico, para conquistar la posibilidad de ser felices. Eckhart Tolle llama a esto el *cuerpo del dolor*. Lo describe como un campo energético semiautónomo, hecho de emociones viejas y no revisadas que habitan en nosotros. Tiene su propia inteligencia primitiva y su principal objetivo es la sobrevivencia; así, igual que todas las formas de vida, necesita alimentarse periódicamente de nueva energía; despierta cuando siente hambre, cuando es hora de reponer la energía perdida, y se nutre de energía similar, la de vibración más baja (resentimiento, odio, coraje, celos etcétera).

El *cuerpo del dolor* es una adicción a la infelicidad; una vez que éste se apodera de nosotros, no solamente no deseamos ponerle fin a nuestra miseria, sino que también tratamos de que los otros se sientan tan infelices como nosotros, a fin de alimentarnos de sus reacciones y emociones negativas. Este cuerpo del dolor tiene una fase activa y otra latente. Cuando está latente olvidamos que llevamos una nube negra o un volcán dormido en el interior.

Por lo general, buscamos relacionarnos con personas que tienen el cuerpo del dolor similar al nuestro para que nos ayuden a saciar nuestras necesidades emocionales.

Cuando el *cuerpo del dolor* está activo en nosotros, se apodera de todo: de nuestro diálogo interno, de nuestros pensamientos y emociones y, por lo tanto, de nuestras acciones.

Respondemos desde alguna emoción y nos relacionamos con ella bañando nuestra experiencia de vida, anclados en la emoción que nos esté gobernando en determinado momento.

¿Reconoces en ti estos ciclos? ¿Cuáles son los periodos en los que está activo el *cuerpo del dolor*? ¿Coincide con tus familiares?

Es importante madurar el cuerpo emocional con el objetivo de no ser regido por dichas reacciones. Lo que se pretende lograr es lo que se conoce como *inteligencia emocional*. Ésta permite el bienestar psicológico y la buena salud física, desarrollar entusiasmo y motivación, y tener mejores relaciones, tanto profesionales como personales.

El otro día, viendo un *clip* sobre los tres atributos para conseguir un trabajo, me llamó la atención uno de ellos: demostrar buenas habilidades en la inteligencia emocional. Muchos de nosotros tenemos que trabajar de manera consciente y constante con el fin de madurar nuestras respuestas emocionales. Esto implica conocer y entender nuestras emociones, saber qué las ocasiona y tener la capacidad de expresarlas de manera adecuada, dirigiéndolas eficaz y apropiadamente.

También existen países, comunidades o familias que tienen muy pesado el cuerpo del dolor; por lo tanto, viven en constante conflicto. Al no sanarlo, rige la calidad de su vida, sus relaciones y su salud, sin darse cuenta.

¿Cuál es, en general, el tono emocional, la actitud, el humor, que rige tu vida frente a tus familiares, amigos y circunstancias? ¿Reconoces tus patrones, tus ciclos y tu herencia emocional?

El lenguaje[4]

Hace cientos de años un niño preguntó a un sabio:

—¿Qué son las palabras? —El viejo le contestó:

—Las palabras son lo que te rodea en todo momento, son parte de lo que eres. —El niño no comprendió.

—¿Qué quieres decir? ¿De dónde vienen? —El anciano le respondió con paciencia.

—Las palabras vivirán siempre dentro y fuera de ti; te darás cuenta de que no recuerdas un mundo sin ellas. Cuando te mueves se mueven contigo y cuando paras ellas paran contigo. Hemos nacido sumergidos en palabras y moriremos rodeados de ellas; te envuelven de la misma manera que la piel. —Siguió—. A las palabras hay que escucharlas más allá de tus oídos; en gran medida no prestamos atención a ellas, pero cada palabra esboza el gran camino de la vida. Confía en que tus palabras sean utilizadas por tu corazón; el despertar a ellas te brindará una herramienta magnífica de creación, utilizada por los grandes sabios de todos los tiempos.

La palabra es la gran herramienta que vive intrínseca en nosotros. Conquistar su magia es una virtud. Debemos vivir atentos a nuestro ser esencial, ese ser que existe antes que las palabras, pues ellas también reducen la realidad a algo tangible para la mente humana, lo cual limita la imaginación y las posibilidades.

Así, al partir de la extensiva dimensión del ser, el propósito será aprender a observar el lenguaje y a utilizarlo para que, de esta manera, el ser encuentre la apertura que requiere para evolucionar y conquistar sus anhelos.

Vivimos con dos tipos de lenguaje: el interno (nuestra voz interior) y el externo. La esperanza de nuestra existencia como parte de la humanidad se encuentra en la posibilidad de exten-

---

[4] Inspirado en Derek Lin, *The Tao of Daily Life: The Mysteries of the Orient Revealed. The Joys of Inner Harmony. The Path to Enlightenment Illuminated.*

der estos lenguajes hacia otros distintos (como el de sanación, compasión, responsabilidad, cocreación e integridad).

El *coaching* es un tipo de lenguaje utilizado dentro de una conversación que da como resultado inspiración, sanación, apertura, posibilidad y acción.

Las palabras, ya sean habladas, pensadas o silenciadas, tienen un efecto poderoso en nuestras ideas y creencias, y, por lo tanto, en lo que creamos. El lenguaje nos gobierna; sin embargo, debemos reconocer que el simple hecho de atribuir palabras a las cosas, personas y situaciones no quiere decir que sepamos qué son. Esa delicadeza tiene el lenguaje: convierte un mundo eterno, misterioso y sagrado en descripciones, opiniones, posturas y creencias.

El lenguaje construye o destruye; es decir, no sólo describe, también crea. El lingüista Max Muller escribió: "Pensar sería muy limitado sin palabras, tal y como sería respirar sin pulmones".

A través del lenguaje determinamos qué conceptos están disponibles para nosotros. Esto habla directamente de nuestra experiencia de vida. El lenguaje permite transportarnos a un sinnúmero de escenarios y elegir qué queremos creer acerca de cada uno; además, determina qué es lo que observamos en esta vasta realidad: "La voz interior determina la calidad de tu vida".

Cuando añadimos una palabra a nuestro lenguaje, abrimos la posibilidad de su existencia. En un programa de televisión entrevistaron al jefe de una comunidad nativa de Norteamérica, quien reveló que el concepto de *guerra* no era una posibilidad para su comunidad por el simple hecho de no conocer la palabra. Lo mismo ocurre con nosotros, si no extendemos nuestro lenguaje, si no tenemos dominio de conceptos tales como *relaciones, comunicación, finanzas, política, bienestar, nutrición,* etc., nuestra mente se limitará a ideas escasas que determinen la vida.

Vivimos a través del lenguaje. Si lo pudiéramos observar de manera objetiva, descubriríamos los mundos que abre y que cierra, así como las realidades que brinda; nos daríamos cuenta de que lo que es posible para nosotros cambia cuando alguien propone una nueva realidad a través de un lenguaje que antes se creía imposible.

El lenguaje permite crear maneras para construirte como ser humano y para relacionarte con lo que te rodea. *El lenguaje se arraiga, primero, en acuerdos contigo mismo, que después serán entrelazados con los otros para crear así una familia, una comunidad o un país.*

Ahora bien, el lenguaje en *coaching* sirve para orientar y esquematizar situaciones, abrir y cerrar posibilidades, crear y mantener relaciones de todo tipo, generar los compromisos necesarios con el objetivo de que las cosas se lleven a cabo, influir en el cuerpo emocional, diseñar tu identidad (quién eres en el mundo), crear y sostener tu realidad. Con esto me refiero a que cada palabra tiene una carga energética de tal magnitud que, si no estamos atentos a dicha característica, no podremos usarla como la herramienta más poderosa. Miguel Ruiz dice: "Sé impecable con tu palabra y vivirás el cielo en la tierra". Es una magia poderosa: una palabra puede cambiar una vida o destruir millones de ellas.

Palabras… palabras… palabras que parecen inocentes, pero cada una construye algo; su unión inventa mundos, objetivos de vida, opiniones, juicios y realidades.

En *coaching* hay palabras, frases e ideas que eliminamos del lenguaje, como las siguientes:

- *nunca*
- *siempre*
- *voy a tratar*
- *él tiene la culpa*
- *él o ella me hacen sentir…*
- *es probable que fracase*
- todas las creencias que respaldamos con teoría idealista que nos hagan sentir superiores a otros
- *eso no es posible*
- *eso no es razonable*

- *yo tengo la razón*
- *él debería…, o ella debería…*
- *él no debería…, ella no debería…*
- *ellos deberían cambiar*
- *las cosas deberían ser diferentes*
- *que otros se encarguen*
- *tú eres mi problema*

Éstos son moduladores del lenguaje que limitan lo que es posible cuando llegan a conclusiones sobre cómo *es* la realidad y nos quitan nuestro poder de encontrar caminos distintos de ver la vida.

Modificar el lenguaje de una manera positiva y ser observadores de su uso puede cambiar drásticamente el modo en que "caminamos nuestra vida". Por esto, tenemos que saber cómo usar las palabras, apegarlas a la esencia de la vida y ser impecables con ellas, pues nos abren la posibilidad de ser humanos honorables y poderosos, inmunes al exterior.

Cuando perdemos la integridad de nuestras palabras nos abandonamos a la confusión y el miedo. La palabra que surge de la esencia manifiesta una poderosa creación. Sé atento a tus palabras, porque éstas también te pueden destruir, pues la energía que sale a ti regresará. Vive alerta a lo que construyen o destruyen tus conversaciones; elige con quién conversas y acerca de qué, y abstráete físicamente de las conversaciones que te limitan y te llevan a la destrucción y el temor.

Por ejemplo, es importante ser cuidadoso con lo que pudiera parecer un "inocente" chisme, es decir, repetir noticias o tragedias para saciar el morbo. A veces es necesario salir de la conversación de una comunidad, de un grupo de personas o hasta de un país. Es poderoso entender que las conversaciones te absorben y te crean. Lo más valioso que tenemos es nuestra energía; es imprescindible cuidarla y estar pendientes de lo que la alimenta o la merma.

Las palabras son el aire que nos rodea; vivimos sumergidos en ellas, y lo más preciado que podemos regalarnos es el "no sé". Estar abiertos a aprender, a movernos de lugar, a ser flexibles y a invitar siempre nuevos lenguajes, que nos abrirán nuevos mundos y posibilidades para vivir la vida que se apega a nuestro corazón.

El lenguaje también permite movernos en diferentes escenarios, incluso nos ayuda a recrear nuevos escenarios, que se pueden inventar; con él es posible diseñar puntos de vista infinitos. Es tan poderoso que determina cuáles pensamientos cobran poder y, por lo tanto, qué vemos en el mundo.

Tu mundo está hecho de aquello sobre lo que puedes conversar (ser es una distinción lingüística). Imaginar en lenguaje es determinar una forma de vida.

Lo que hay que tomar en cuenta es que:

- el lenguaje es una fuerza creativa,
- el lenguaje crea tu realidad, limitando o ampliando tus fronteras,
- los actos del habla manifiestan compromisos,
- el compromiso crea la realidad.

Actos lingüísticos

Ahora explicaré los cuatro actos lingüísticos principales, mismos que impulsan a crear o a destruir, y a los que, por lo tanto, debes estar alerta.

Prometer

Creemos que tenemos claridad en las promesas; sin embargo, ésta es una de las fallas más comunes que existen entre mis clientes: hay una gran disparidad en su comunicación y, por lo general, la otra persona no ha acordado ni el tiempo ni el lugar para que la promesa se lleve a cabo; por lo tanto, las promesas quedan en el aire y las realidades no se concretan.

Las promesas que hagas, lo mismo que las promesas que los otros te hagan, tanto en lo profesional como en lo personal, deben ser claras, congruentes con tus propósitos, y las dos partes deben estar de acuerdo en qué, cuándo, cómo y dónde.

¿Están tus promesas habladas? ¿Te parece claro qué has prometido y qué te han prometido, cómo, cuándo y dónde? Lo que prometes y lo que te prometen se vuelve la realidad; es una manera de esculpir el futuro con los otros; ahí radica su poder.

Por ejemplo, es común que al pedir un aumento de sueldo nuestro jefe nos responda: "para principios del año entrante", pero pasan los meses y el aumento no llega. En una sesión de *coaching* yo le preguntaría a mi cliente si tiene una promesa verdadera. Vivimos pensando que los acuerdos están ahí. Generalmente les pongo el ejemplo a mis clientes de que es como tener las agujetas desabrochadas: están ahí pero no cumplen su función porque están sueltas; así el lenguaje se vuelve vago, porque no hemos sido efectivos con él; para que éste sirva como una herramienta de creación, los acuerdos tienen que estar claros en ambas partes y con definición para su manifestación en el futuro.

Pedir

Es increíble pero muy pocos sabemos pedir (pedimos poco, mal, sin claridad, a las personas incorrectas y con preguntas indirectas). El resultado es recibir de la vida y de otros lo que no queremos, lo que no nos sirve y a destiempo.

Pedir es un arte: a la persona adecuada, lo que necesitamos, para una fecha concreta y la cantidad correcta. Puede ser amor, dinero, comida, compañía, apoyo, etc. No aprender a pedir nos debilita, nos confunde y confunde a quienes nos rodean.

En el pedir vive la abundancia. La vida se trata de pedir. Desde que nacimos hemos tenido que pedir para saciar nuestras necesidades. Para ello, primero hay que tener claridad sobre lo que queremos, y, después, acudir con preguntas directas a las personas adecuadas que pueden cumplir nuestras peticiones.

Muchos de nosotros no pedimos porque le tenemos miedo al *no* y al rechazo o a que nos digan que no somos merecedores de lo que pedimos.

Lo que debes tener en mente es que el *no* es un regalo; que cuando alguien te dice que no a algo no lo debes tomar como animadversión personal; por el contrario, su honestidad te permite moverte de lugar para abrir una nueva posibilidad, probablemente a alguien o algo que a la larga será mejor para ti. Cuando esperas que otros definan tu valor al darte un *sí,* siempre te quedarás corto; cree en ti y pídele a la vida hasta que sientas que estás justo en donde quieres estar. Si no avanzas es porque has dejado de pedir y de reconocer que en estas peticiones vive la posibilidad de diseñar tu vida, de construir tus sueños y de manifestar tu destino.

Declarar

Cuando declaramos, esculpimos identidades y definimos posibilidades. Nosotros creamos la realidad a través de las declaraciones. La relación que tenemos con los demás, con el mundo y con nosotros mismos cambia antes y después de una declaración. La declaración crea nuevas posibilidades para que algo nuevo surja sin necesitar ninguna evidencia.

En *coaching* convertimos una declaración en un propósito de vida. Al iniciar una relación con un cliente se le pide que declare quién quiere ser a lo largo de la relación entre *coach* y cliente; pase lo que pase, él se compromete a apegarse a dicha declaración, o sea, a su palabra. Yo, por ejemplo, decidí declararme paz. Mi declaración es: "Yo soy paz". Así que, independientemente de las circunstancias, yo declaro en el presente y transformo mi energía a paz. Ese poder tienen mis declaraciones y mi palabra.

Aseverar

Aseverar es afirmar algo que puedes respaldar con una evidencia. Lo que sucede con las aseveraciones es que creemos que lo que suponemos es cierto. Aseveramos sobre lo que otros piensan o hacen, sobre creencias y circunstancias; lo hacemos constantemente. Éstas son muletas del lenguaje que se anclan en la falsedad, de tal suerte que nos relacionamos con ellas justificando ataques y venenos emocionales, confundiendo lo real con nuestra interpretación de la verdad.

Aseverar es una trampa, pues proponemos algo partiendo de la base de que estamos en lo cierto, pero no le damos importancia a verificar que nuestras aseveraciones sean respaldadas por evidencias. Así, nuestro lenguaje se debilita y nuestra actitud se vuelve destructiva. Vivimos sumergidos en aseveraciones que nos ha transmitido la cultura a través de nuestra familia o religión, por ejemplo, y que hemos tomado como ciertas.

Sin evidencia, vivimos pensando que esas aseveraciones son la realidad: sin darnos cuenta de que esto cierra posibilidades en nuestra vida. Decimos: "eso es imposible…" o "las mujeres no pueden lograr eso". En estas frases nos queda claro cómo aseveramos y confirmamos una serie de ideas que en nuestra mente se convierten en obstáculos para mirar la realidad.

¿Te das cuenta cómo el aseverar sin conciencia puede limitar en gran medida tu campo de acción? ¿Reconoces qué aseveraciones están activas en ti? ¿Puedes identificar de qué manera se manifiestan en tu realidad?

DECLARACIÓN

A lo largo de la vida hemos hecho un sinnúmero de declaraciones o acuerdos, ya sea con el entorno o con nosotros mismos. Hemos declarado quiénes somos; hemos declarado que somos capaces de hacer unas cosas y no otras; también declaramos lo que es posible para nuestras vidas y lo imposible de vivir.

Declarar es el acto lingüístico más poderoso que existe. Su cualidad es crear el futuro. Es una manifestación que concluye o inicia algo en tu vida.

Por ejemplo: "Los declaro marido y mujer" es un acto lingüístico que tiene la fuerza de cambiar el pasado y el futuro. Una declaración tiene la fuerza de cambiar la manera en que nos relacionamos con nosotros mismos y con el entorno.

A continuación, expondré un caso para ilustrar cómo funcionan las declaraciones.

Una niña de cinco años que fue golpeada por su padre corrió a su cuarto con un fuerte dolor; este hecho la definió al declarar, de manera inconsciente, quién es ella (identidad frente al mundo), quién es su padre (los hombres) y cómo funciona la realidad; es decir, definió la comprensión del entorno y de sí misma. Así, ella declaró: "Los hombres son peligrosos, yo me voy a cuidar de ellos no acercándome porque me pueden lastimar". A lo largo de los años le dejó de dar importancia al hecho, pero la declaración quedó vigente en ella de manera inconsciente.

Esta misma niña, 30 años después, vino a una sesión de *coaching*, pues no ha podido tener una relación cercana con hombre alguno. Por lo tanto, debemos buscar la declaración que está en juego, la que le está dando este resultado en su realidad, para ponerla en palabras y permitir que se abra la posibilidad de crear una nueva, una que se alinee con lo que ella ahora quiere vivir, que en su caso sería posiblemente cercanía e intimidad con una pareja del sexo opuesto.

La mente de esta mujer desea proteger la declaración porque *ésta* la salvó de niña, pero ahora ya no es funcional. Lo curioso es que a lo largo de su vida ella buscó hombres que se parecían a su padre porque en su mente quería evidenciar su declaración. Hasta que no la cambie no aparecerá otra posibilidad: ha caído en esa terrible enfermedad de querer reforzar lo que cree y finalmente tener la razón.

¿Puedes encontrar en ti declaraciones vivas que hoy esculpen tu realidad, que te cierran posibilidades de ver mundos y personas que hoy pudieran ser más valiosas para ti?

Se requiere mucha energía del ser para que las declaraciones permanezcan vivas. Un ejercicio esencial es que explores cuáles de tus declaraciones viven aún en ti y que hagas unas que te honren como ser humano.

Tomemos en cuenta que:

- Una declaración no tiene que sostenerse por una evidencia.
- Una declaración define quiénes somos, en qué contexto vivimos y, por lo tanto, determina nuestra circunstancia, lenguaje y objetivos.
- Con las declaraciones abrimos y cerramos posibilidades, resolvemos problemas, nos movemos de dirección, creamos algo que hasta ese momento no existía.
- Creamos la realidad exterior e interior por medio de lo que declaramos.
- Declarando, esculpimos identidades, definimos posibilidades y creamos la realidad.
- La relación que tenemos con los demás, con el mundo y con nosotros mismos cambia antes y después de una declaración.

- Tu ser está construido de declaraciones; todo lo que dices acerca de ti lo has declarado.

Si te gusta lo que estás creando en tu vida, tus declaraciones funcionan; pero si no estás pudiendo concretar metas o resultados importantes para ti es necesario evaluar qué declaración está en juego y replantearla o eliminarla.

Las declaraciones son muy evidentes cuando las comenzamos a ver reflejadas en nuestro exterior; de alguna manera pintan el escenario de nuestras vidas. Lo que distinguimos acerca de nosotros y la realidad se define por lo que hemos declarado.

Si, por ejemplo, reconoces que a lo largo de tu vida no has podido consolidarte económicamente, repasa cuál ha sido tu historia con el dinero y qué interpretaste de éste desde pequeño; lo más probable es que esta energía esté bloqueada por una declaración del pasado y es importante echarle luz para sanarla y transmutarla a la neutralidad. Es interesante observar la vida desde este punto de vista; entender cómo una declaración crea tu realidad y no viceversa.

LOS TRANCES

Cuando era una niña de seis años iba a una escuela bilingüe en México. Me costaba mucho trabajo estudiar porque era disléxica; además, mis papás estaban en un proceso de divorcio que me hacía sentir desbalanceada y angustiada; seguramente por ello me costaba trabajo concentrarme. Reprobé el año y durante el próximo los niños se burlaron de mí y de mi incapacidad escolar.

Es precisamente en esa edad cuando construyes con tus experiencias tu realidad y quién eres. Como mencioné anteriormente, es entonces cuando generas las declaraciones primarias que definen tu ser. Seguramente mis declaraciones frente a este hecho fueron más o menos así: "yo no soy inteligente" y "las personas son una amenaza".

A lo largo de mi vida no sentía confianza cuando intentaba estudiar algo nuevo. Al iniciar mis estudios de *coaching* viajé a Minneapolis, Minnesota, para cursar el primer fin de semana intensivo. Absolutamente todos eran estadounidenses, nadie hablaba español. Las lecturas eran largas, tediosas y en inglés.

En un momento dado, la rigidez de las maestras, el cansancio y la amenaza de fracasar en el curso despertó algo raro en mí: sentí mucha angustia, no me podía concentrar, me sentía tan mal que me paré al baño para despejarme y cuando me miré en el espejo desapareció la mujer de 34 años; parecía una niña torpe, insegura y totalmente fuera de lugar; regresé al curso y el resto del tiempo me sentí fatal; no creía poder tener la capacidad de terminar la certificación. Todo se distorsionó.

Al llegar a mi casa lo platiqué con mi mamá (psicóloga y *coach*). Ella me explicó lo que me había sucedido: había entrado en trance. El escenario de la circunstancia me despertó la sensación de cuando tenía seis años, y durante un tiempo todo lo viví desde ese lugar. La tarea fue, por un lado, reconocer lo que había pasado. Por el otro, darme cuenta de que ya no era aquella niñita; que ahora era capaz de lograr lo que no pude en el pasado y que había algo dentro que sanar.

Por eso, escribí una carta dirigida la niña lastimada que llevo dentro; le expliqué que a partir de ahora todo iba a ser diferente; que yo ya era grande y que esta situación la iba a conquistar, que iba a ser una situación feliz.

Y así fue: me certifiqué. Y reconocí dentro de mí una vivencia que me llevó a ciertos trances que debo sanar, para que en el hoy no se limite mi experiencia de vida. Esta vivencia también trajo a la luz declaraciones infantiles que pude reestructurar con otras nuevas, apegadas a la realidad de mi inteligencia y de las personas a mi alrededor.

Es interesante enteder que un trance encapsula la mente y la pone en atención selectiva, lo cual restringe la perspectiva total. Tu experiencia es diferente a lo que realmente sucede. Un trance no permite ver lo que es real aunque esté presente ante ti. Por el contrario, te mantiene dentro de creencias o pensamientos que se vuelven tu realidad. Desde ahí respondes; por lo tanto, crean lo que tú eres y lo que estás viviendo.

Constantemente entramos y salimos de trances. Sin embargo, existen algunos que están no sólo en nosotros, sino también en la cultura a la que pertenecemos. Éstos se vuelven invisibles; por tal razón, romperlos significa atacar un problema que la mayoría de las veces no hemos identificado pero que, evidentemente, nos frena para progresar.

Lo importante es registrar el trance que te mantiene contenido en determinadas situaciones, con el objetivo de moverte hacia una perspectiva generosa que te brinde apertura a nuevos caminos. Cada uno de nosotros reaccionamos a diferentes circunstancias o pensamientos; por esto, es fundamental crear en ti un observador capaz de reconocer cuáles son los trances que te tienen atrapado. Trata de percibir qué pensamiento o creencia es la raíz de situaciones comunes en las que sientas que estás encapsulado. Cuando los trances te lleven a experimentar sentimientos negativos, acéptalos, vívelos y suéltalos (entre más los rechaces, más fuerza ganarán). El objetivo es neutralizar el cuerpo emocional para tener claridad de lo que sucede.

Existen también creencias en la cultura que nos invitan a vivir en trances colectivos. Recuerda que los objetivos de vida que elabores con base en el ego te alejarán de la realidad, del presente y de la vida en la abundancia de espíritu. Estos trances nos ponen en contextos de carencia; así, la mente reconoce la falta y busca obtener lo que no tenemos para sentirse completa. Las oportunidades y la co-creación se pierden. Nos convertimos en emociones frustradas y enojadas si estas metas no se cumplen, y tenemos un solo mapa intelectual (racional) de lo que debemos lograr, impuesto por la cultura.

Algunos trances culturales que limitan al ser son:

- expectativas personales y profesionales que te abstraen del presente;
- vivir con la finalidad de "ser alguien";
- trance de las metas: suspender la posibilidad de ser feliz hasta que tenga más; "ser feliz hasta que eso suceda";
- trances de género;
- trances socioeconómicos;
- trances de creencias sociales.

A REFLEXIONAR...

Me parece fascinante entender que la mente busca reforzar sus creencias en el exterior a través de *los pilares;* por ello, sólo tiene la capacidad de atraer, observar y experimentar aquello que fortalece las ideas preconcebidas.

Cuando los resultados de tu vida se refuerzan con lo que crees, el ego se regocija, porque siente que tiene la razón y vive en la "verdad". Una vez que salimos al mundo realizaremos *acciones* que vayan de la mano con nuestros pilares y estas acciones nos darán como resultado *nuestra vida.*

Cuando se presenta una crisis, se abre una gran oportunidad para el ser humano. Primero, el ego se ve amenazado y la identidad puede ser cuestionada; es como imaginar que en un cuarto hermético se descubre una ranura de luz que ilumina los pilares y, al observarlos, se puede plantear una reestructuración; por ello, las crisis o las pérdidas son oportunidades para despertar a una mayor conciencia y a la posibilidad de crear un salto cuántico de crecimiento personal. La clave en la crisis es estar alerta para no proyectarnos como víctimas, ya sea de las circunstancias, del otro o de Dios.

Cuando no podemos generar el resultado que queremos, reaccionamos desde el ego con un berrinche que se manifiesta como depresión, ansiedad, enojo, frustración, etc. Pensar así, aunado a las emociones que le acompañan, sirve al ego para identificarse con la historia de la crisis. La infelicidad no le preocupa al ego, ya que ahora es su nueva identidad.

Es imprescindible permitir que entre luz en el ser, replantearlo, volver al cuerpo interior y generar crecimiento y conciencia para que la crisis sea la oportunidad de crear una mayor dimensión en nuestro ser. Esto hará posible replantear los pilares y, por lo tanto, generar nuevos resultados que se apeguen a nuestros mayores propósitos.

La pregunta que debemos hacernos es: ¿qué es posible ahora? Esto automáticamente nos abre el camino de la paz, del ahora, y nos permite elaborar un plan de acción, no tanto en el plano exterior, sino en el interior, donde realmente se producen los cambios y crecimientos importantes.

A continuación te presento una gráfica para que reflexiones en que áreas de tu vida los resultados que obtienes no son gratificantes; identifica en la lista de la tabla si tienen que ver con los pilares y qué área de tu vida está bloqueada o fuera de balance y crecimiento. Probablemente has creído que la carencia en determinadas áreas ha tenido que ver con circunstancias exteriores, pero ahora medita si tiene que ver con tu construcción interior.

Pilares	Áreas de tu vida
Ego	Espíritu/paz
Pensamientos	Relaciones
Cultura: relación con el medio ambiente	Proyectos
Declaraciones acerca de quién eres y de cómo funciona la realidad	Inteligencia emocional
Creencias fundamentales que rigen tu ser	Comportamiento/ acciones
Trances: los que son comunes en ti, que te alejan de una perspectiva real acerca de ti mismo	Finanzas
Lenguaje: ¿eres impecable con tu palabra? ¿Hay honor y conciencia en tu lenguaje?	Salud

CAPÍTULO 2

PODEMOS REINVENTAR LO QUE SOMOS

Cómo construimos nuestra realidad

¿Te puedes imaginar nuestro ser como energía, sin nombre, sin identidad, como seres que forman parte de un todo? Lo que sucede es que nacemos sumergidos en un entorno que nos reduce, empezando por nuestro nombre; con esto vienen muchas implicaciones sociales y culturales de las que se desprenden nuestras historias e interpretaciones. Éstas están relacionadas con el sexo, la religión y ese todo que conforma la cultura.

Es como ir construyendo el personaje para una película. De ahí nos vamos a lo particular de cada persona (creencias, declaraciones, valores, preferencias) y justificamos quiénes somos, qué queremos, qué es posible y de qué se va a tratar nuestra vida. Como seres humanos, no hay ninguna historia que te acerque a ti. Cada historia que decides creer para describir tu identidad te aleja de tu esencia, te aísla; pero, en realidad, eres lo que existe antes de cualquier historia.

La mente ha sido educada para clasificar, dividir, etiquetar y describir quiénes somos y cómo es el mundo; esto fija la realidad, y lo que vemos deja de ser fluido, cambiante, nuevo.

Debemos entender lo siguiente:

- nuestro estado de ser constante es la gratitud y bienestar que se integra al vasto vacío;
- cuando vives desde tu gratitud y bienestar vuelves a casa;
- nuestra mente da significado y justifica lo que ha deci-

dido creer, por lo que nos cubrimos con máscaras que nos alejan de la verdad de nosotros como personas, como humanidad y, finalmente, de la forma en que apreciamos el entorno.

Mi juego favorito es: no soy nadie y soy todo. Pregúntate entonces ¿qué es posible para ti ahora?

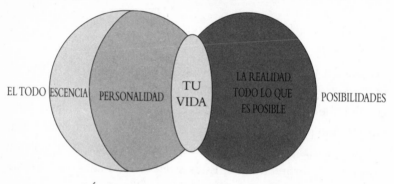

CÓMO SE ESTABLECE TU REALIDAD*

En el modelo de *Cómo se establece tu realidad, el todo* representa el potencial puro, el origen; la esencia simboliza tu espíritu, tu energía o tu alma, como quieras llamarle. La *personalidad* protagoniza a tu personaje y representa tu identidad, tu historia y tu visión del mundo; es aquí donde vive el ego. *Tu vida* representa el campo de acción en donde se lleva a cabo tu juego (tu experiencia de vida), y la *realidad* implica lo que es posible. Lo que idealmente queremos lograr es expandir el óvalo de tu vida para entrar al terreno de lo que es posible; esto se consigue al abrir tu visión del mundo y al lograr una conexión profunda y constante con el *todo*. Para esta conexión nos sirve el silencio, la contemplación, el yoga, leer, y muchas otras prácticas espirituales.

*Modelo registrado por Alejandra Llamas INC.

Como te comenté, a lo largo de mi vida tuve ciclos de depresión y angustia que me impedían disfrutar de la vida y gozar de pensamientos que me motivaran y reflejaran lo mejor de mí. De alguna manera, viví esto sin reconocer que teníia otras posibilidades, hasta que me di cuenta de que podía crear un camino distinto. No quise conformarme con el "pues así soy". *Ésta no era una realidad fija en mí, y la manera de responder emocionalmente había sido aprendida de* las personas a mi alrededor por medio de la imitación; ésta es la manera como aprendemos desde pequeños. Esto me reveló cómo las respuestas emocionales de otras personas fueron en un momento dado también las mías.

Somos en gran medida lo que imitamos; tomamos comportamientos, gestos, actitudes emocionales y hasta creencias de otras personas.

Imitamos desde que nacemos. La imitación es un recurso natural y necesario que genera la manera en que conducimos la vida.

Para un ser humano hay dos maneras clave de imitar: la interna y la externa. La primera se relaciona con emular comportamientos físicos de otra persona; la segunda tiene que ver con entender la construcción de los pilares de otros y abstraer de ellos lo que nos dará mejores herramientas para nuestros objetivos. La combinación de ambas permite lo que llamamos *imitación cognitiva* o *del aprendizaje*.

He estado trabajando en este concepto, tanto en mí como en mis clientes de *coaching* que necesitan cambiar su manera de "ser", ya sea para salirse de una situación en la que se sienten prisioneros, conquistar un sueño o lograr algo importante para ellos en el mundo profesional o personal. Ésta es una buena herramienta, por ejemplo, si hoy en día te encuentras en una situación que no te favorece, o si estás tratando de construir algo que te ayudará en tu crecimiento o sanación.

Si reconoces que recreas patrones en tu vida y al revisar el pasado estás en el mismo escenario una y otra vez obteniendo el mismo resultado, tal vez es hora de darte cuenta de que esta situación no tiene que ver con el exterior, sino con alguna programación interna consciente o inconsciente. Probablemente están activas las acciones, los comportamientos o el lenguaje de alguien más y es hora de moverte a otro lugar.

Si quieres utilizar la imitación para la construcción del *ser*, es importante observar, conocer y replantear los pilares que llevamos dentro. Para llevar a cabo este trabajo, es fundamental elegir mentores, rodearte de personas que te inspiren, y reconocer los atributos, las creencias y los comportamientos que construyen a esas personas. También podemos emular o modelar filosofías de vida y apoyarlas con prácticas y disciplinas, como fue el caso de Gandhi, de quien hablaré más adelante.

Para iniciar un proceso de cambio con base en la imitación es importante evaluar lo siguiente:

- ¿qué creencias o qué filosofía tiene esta persona que tú no tienes?;
- ¿qué es importante para ella?;
- ¿qué la proyecta que a ti te detiene?;
- ¿cuáles son sus principales declaraciones o principios?;
- ¿qué influencias culturales tiene?;
- ¿qué decisiones extraordinarias ha tomado frente a sus vivencias?;
- ¿cuál es su tono emocional?

Esto permitirá crear en ti nuevas distinciones, al desempeñar un nuevo papel, uno que se acerca más a lo que hoy es eficiente para tu vivir. Tu esencia siempre será la misma, lo único que modificarás es el comportamiento, las creencias y las respuestas emocionales para lograr una manera de ser dentro y fuera de ti más acorde con tus objetivos. Esto abrirá la puerta a una transformación importante de tu ser, y estas nuevas maneras de ser pronto se incorporarán a tu sistema, tomando en consideración que cualquier comportamiento en gran medida es aprendido.

Por ejemplo, durante un tiempo decidí imitar las respuestas emocionales de una amiga muy cercana a quien he admirado por su fuerza y entusiasmo. A lo largo de esa etapa, cada vez que caía, o comenzaba a caer, en un patrón de respuesta emocional pobre, iniciaba el ejercicio de imitación y jugaba a ser ella, haciendo énfasis en cómo respondía y sonreía, además de buscar en qué enfocar mi mente.

Al principio la imitación puede sentirse un poco forzada, pero con el tiempo absorbemos energéticamente estos nuevos atributos hasta que se vuelven nuestros. Utilizamos la plasticidad de nuestro cerebro para reestructurar la mente y crear nuevas posibilidades de comportamiento a nivel cerebral, de lo cual hablaremos más adelante.

Lo importante es que reconozcamos en qué área de nuestra vida nos gustaría crecer. Con esto claro, cuando vemos a alguien que está haciendo lo que a nosotros nos gustaría crear, o cuando escuchamos creencias, filosofías o comportamientos que nos atraen, comenzar a trabajar de manera consciente la *imitación cognitiva, que tiene que ver con imitar desde el aprendizaje.* De esta manera, verás que poco a poco esos nuevos atributos y transformaciones te beneficiarán, para lograr objetivos y obtener un crecimiento.

Es fundamental reconocer que la mente aprende por repetición y que algunos de los obstáculos pueden ser:

- los pilares que están integrados de manera profunda;
- creer que nuestra manera de ser, la cual justificamos, es la adecuada;
- creer que, en general, las personas piensan de manera similar a nosotros.

Lo primordial es, además de evaluar todo lo que hemos visto anteriormente, considerar que nuestra calidad física es energía, por lo cual nada está realmente fijo en nosotros. Estos pilares construyen tu personalidad pero no a la persona que eres en tu interior (tu esencia, tu alma). Tienes el poder de crear a tu ser, no él a ti, como siempre hemos creído.

Gandhi es un ejemplo maravilloso para entender hasta que punto se puede transformar el ser por medio de la imitación de nuevos comportamientos y filosofías para, de esta manera, construir el ser que se alinee a nuestros objetivos. Veamos.

Un periodista indio, que escribía sobre Gandhi, tuvo la oportunidad de ir a pasar unos días con él al Ashram donde vivía. Por las tardes solían salir a caminar con un grupo de personas; al regresar formaban un círculo y leían pasajes del libro *Bhagavad Gita* (un extracto del *Mahabharata,* que es una guía práctica para entender el camino de la vida. Es un diálogo entre Krishna, que representa a Dios, y Arjuna, un soldado).

El *Gita* es un estudio obligatorio en la India y, hasta ese día, el periodista lo había estudiado desde un punto de vista teórico, pero al escuchar a la secretaria de Gandhi leerlo y al ver al *Gita* cobrar vida en Gandhi entendió la dimensión del aprendizaje: su asombro fue enorme cuando se dio cuenta de que una filosofía podía encarnar en quién se es.

Gandhi imitó los principios del Gita *a tal grado que su ser se transformó en una postura y en una apertura tan poderosa que influyó a toda una cultura.* La filosofía y los principios fundamentales de Gandhi, como *satya* (verdad) y *ahimsa* (no violencia) son herencias directas del *Bhagavad Gita*.

Su comportamiento fue modificado hasta que llegó a ser un estricto vegetariano. Después de estudiar distintas dietas, llegó a la conclusión de que uno debe consumir los mínimos requerimientos del cuerpo.

Gandhi se abstuvo del sexo a los 36 años de edad, aún casado, con el fin de lograr la purificación espiritual. Pasaba un día a la semana en silencio y creía que esto le traía paz interior. En esos días se comunicaba con otros a través de lápiz y papel. Dedicó su vida al estudio de la "verdad" y trató de aprender de sus propios errores conquistando a sus demonios interiores y clarificando su espíritu.

Al regresar a India, después de haber desarrollado una exitosa carrera como abogado en el sur de África, dejó de usar la ropa que representaba éxito y lujo. Quería adoptar una imagen que fuera aceptada hasta por la persona más pobre de su país. Comenzó a tejer sus propias telas y promovió esto entre su comunidad.

Gandhi escribió en el semanario *La Joven India* el 6 de agosto de 1925:

> Cuando las dudas me atormentan, cuando los desengaños me desafían y no veo esperanza en el horizonte, acudo al *Bhagavad Gita* y encuentro un verso que me reconforta. Inmediatamente aparece en mí una sonrisa en medio de esa enorme tristeza. Todo aquel que medite en el *Gita* recibirá de él una fresca alegría y nuevos significados cada día.

Uno de sus mensajes es que aprendamos a trascender el cuerpo humano para alcanzar la fuerza divina universal.

En 1947 Gandhi coadyuvó de una manera importante para obtener la independencia de India bajo la bandera de la no violencia, algo que hasta ese momento parecía insólito y que requirió toda su evolución, crecimiento y transformación de su ser.

NUESTRA MENTE

La mente desempeña un papel fundamental en nuestra transformación. Hasta hace muy poco se pensaba que una vez que morían nuestras neuronas se perdían para siempre. Ahora se ha demostrado que el cerebro es mucho más plástico de lo que se creía. Esto quiere decir que, en alguna medida, nuestro cerebro está en permanente cambio. Al entender mejor esta cualidad se abrió la posibilidad de manipular los cambios para lograr nuestros objetivos.

Se puede moldear la estructura del cerebro con distintas estrategias. Algunas son farmacológicas, como el uso de drogas asociado con el tratamiento terapéutico; otras son cognitivas, que tienen que ver con nuevos aprendizajes (en este caso se pueden relacionar con el comportamiento y la reestructuración de los pilares).

Para el éxito de estos procesos es importante la repetición, ya que ésta sembrará los nuevos caminos cerebrales que se volverán nuestro nuevo plano cerebral. Cada persona puede ser el arquitecto de su propio cerebro, pues éste puede adaptarse a las necesidades de cada uno de nosotros.

El cerebro es capaz de renovar y reconectar los circuitos neuronales para realizar nuevas tareas e instrumentar estrategias para modificarse con un fin determinado.

Si el cerebro puede reinventarse, quiere decir que la transformación de comportamientos, adicciones y capacidades es posible.

Según esta teoría, los cambios se logran a través del proceso que permite la producción de nuevas redes neuronales (nuevas sinapsis) para remplazar a las antiguas, lo que permite que cambiemos formas de ser y diseñemos nuestro cerebro para que responda con comportamientos nuevos, que eventualmente reconoceremos como nuestros, para conquistar el crecimiento.

El cerebro crea redes a partir de la memoria: ideas, sentimientos, emociones, etc. Cada asociación de ideas o hechos incuba un pensamiento o recuerdo en forma de conexión neuronal, que desemboca en recuerdos por medio de la memoria asociativa. A una sensación o emoción similar, reaparecerá un recuerdo en forma de idea o pensamiento. Hay gente que conecta cierta actitud de las personas con decepción o engaño, así que cuando vive ciertas experiencias, la red neuronal conectará con la emoción correspondiente conforme se sintió la última vez que lo vivió. Si practicamos una determinada respuesta emocional, esa conexión sináptica se refuerza. Cuando aprendemos a observar nuestras reacciones y no actuamos de manera automática, ese modelo se debilita. Aprender a ver esas asociaciones es la mejor manera de evitar que se repitan: la llave es la conciencia y el resultado es el rediseño de nuevas posibilidades de ser.

En nuestra mente hay un pequeño órgano que se llama hipotálamo. Él crea unas sustancias llamadas "péptidos", pequeñas secuencias de aminoácidos que, combinadas, crean las neurohormonas o neuropéptidos, las cuales son responsables de las emociones que sentimos diariamente. Según John Hagelin, profesor de física y director del Instituto para la Ciencia, la Tecnología y la Política Pública de la Universidad Maharishi, dedicado al desarrollo de teorías del campo unificado cuántico: "Hay química para la rabia, para la felicidad, para el sufrimiento, la envidia…"

En el momento en que sentimos una determinada emoción, el hipotálamo descarga esos péptidos, liberándolos a través de la glándula pituitaria hasta la sangre, que conectará con las células que tienen esos receptores en el exterior. El cerebro actúa como una tormenta que descarga los pensamientos a través de la fisura sináptica. Nadie ha visto nunca un pensamiento, ni siquiera en los más avanzados laboratorios, pero lo que sí se ve es la tormenta eléctrica que provoca, conectando las neuronas a través de las "fisuras sinápticas". Estos patrones de pensamiento se moldean en nuestros neurotransmisores, y ésta se vuelve la manera de operar de la mente y continuamente del ser. La mente observa con su propia base de información preselectiva del pasado; ella sólo utiliza la vista como instrumento, por lo cual la visión de una perspectiva real o amplia se vuelve limitada y hasta ciega. Esto genera realidades encapsuladas por la respuesta de nuestro limitado patrón de reconocimiento intelectual.

Nuestro cerebro produce los neuropéptidos y nuestras células son las que se acostumbran a "recibir" cada una de las emociones: ira, angustia, alegría, envidia, generosidad, pesimismo, optimismo... Al acostumbrarse a ellas, se crean hábitos de pensamiento. A través de los millones de terminaciones sinápticas, nuestro cerebro está continuamente recreándose; un pensamiento o emoción crea una nueva conexión, que se refuerza cuando pensamos o sentimos "algo" en repetidas ocasiones. Así es como una persona asocia una determinada situación con una emoción. Cuando suavizamos esa conexión, el cerebro crea otro puente entre neuronas, que es el pasaje a la liberación. Como ha demostrado el Instituto Tecnológico de Massachusetts en sus investigaciones con lamas budistas en estado de meditación, nuestro cerebro está permanentemente rehaciéndose, incluso en la ancianidad. Por ello, se pueden desaprender y reaprender nuevas formas de experimentar la vida.

Otro planteamiento científico realizado recientemente dice que es posible el nacimiento de nuevas neuronas y de ciertas conexiones neuronales que no existían.[1]

Qué increíble vivir con la idea de que nuestra mente es mucho más flexible de lo que pensamos y de que cambia según nuestras necesidades.

Lo anterior nos sugiere que podemos tener muchas más habilidades, desarrollar un sinnúmero de intereses y contar con el desarrollo y el apoyo de nuestra mente para conquistar cualquier objetivo. Al reconocer que la mente cambia en nosotros, se abre todo un mundo flexible, libre y definido por la imagi-

---

[1] A. Tashiro, H. Makino, y F. H. Gage, "Experience-Specific Functional Modification of the Dentate Gyrus through Adult Neurogenesis: A Critical Period during an Immature Stage", *The Journal of Neuroscience*, marzo de 2007, 27(13): 3252-3259; Norman Doidge, A *Brain that Changes Itself,* Nueva York, Penguin Books, 2007.

nación y no por la condición. Hay algunas maneras específicas, probadas científicamente, que pueden acelerar el crecimiento de nuevas neuronas en nuestro cerebro:

1. Un régimen de ejercicios.
2. Comer moras azules.
3. Meditar.
4. Tomar antidepresivos.
5. Vivir en un medio ambiente que estimule el cerebro y no en uno de condiciones carentes y represivas.
6. Seguir aprendiendo cosas nuevas.
7. Comer pocas calorías al día.
8. Casco infrarrojo. (Últimamente se han hecho estudios con cascos infrarrojos que estimulan el nacimiento de nuevas células en el cerebro. Este experimento ha sido llevado a cabo por el doctor Gordon Dougal en Virulite.[2])

Saber que podemos trabajar con esta gran herramienta para conquistar metas, cambiar de dirección o exigirnos más en nuestro desarrollo también implica responsabilidad. A veces es cómodo sostener la conversación de "ya soy así", pero este pensamiento cobrará impuestos en nosotros, en la pasión, y en el interés que tenemos frente a nuestra vida.

LA MEDITACIÓN[3]

Había una vez un monje que tenía problemas para meditar: cuando solía prepararse para ello, una araña gigante aparecía frente a él. No

---

[2] "Calorie Restriction, Exercise, Hormone Replacement, and Phytonutrients Fight Aging", Age Conference, *LE Magazine*, junio de 2002, Madison, Wisconsin.

[3] Inspirado en Derek Lin, *The Tao of Daily Life… op cit.*

importaba lo que hiciera, no podía deshacerse de ella. En su desesperación fue a pedir ayuda al maestro.

El maestro le indicó que preparara una brocha con pintura y la pusiera a su lado. Cuando la araña volviera a aparecer, él debía pintar un círculo alrededor de ella.

El monje siguió al detalle las instrucciones. Sin falta, al sentarse a meditar la enorme araña apareció; él siguió el plan y dibujó un círculo alrededor del monstruo. En cuanto eso sucedió la araña desapareció y pudo meditar en paz.

Cuando salió de la meditación vio un círculo pintado en su barriga. Su peor enemigo a la paz había sido él mismo, tal como lo presentía el gran maestro.

Este relato me lleva a pensar que en gran medida los problemas son creados por nuestra mente; para resolverlos debemos dejar de culpar al exterior y dar el salto al interior. La meditación es una gran herramienta para lograrlo.

La meditación es refrescante; consigue que los pensamientos se aquieten, lo que permite que el cuerpo entre en un estado de reposo y tranquilidad. De esta forma logramos conectarnos con la energía de la vida, con el vasto vacío. Hay un puente entre el mundo material y el mundo espiritual. La meditación es el camino consciente para llegar a este último. Cuando aligeramos la carga mental, el cuerpo emocional descansa y puede aflorar la alegría natural del ser.

A partir de estar quietos, en silencio, podemos escuchar más allá de la voz inmediata de la mente; podemos conectarnos con la energía más suave que nos habla a través de la intuición, y abrirnos a la comunicación espiritual, a la inteligencia universal.

Si en lugar de reaccionar a una situación, pensamiento o emoción, logramos sentarnos en silencio, nos daremos cuenta de que las respuestas surgirán del interior; se abrirá la perspectiva de lo que es real y el ser se fortalecerá y sanará su energía para progresar. Este proceso se llama crecimiento espiritual.

A través de él nos volvemos más conscientes de que hay un plano mas allá del físico, al que podemos acceder en cualquier momento para crear intención y conciencia antes de hablar, actuar o desarrollar películas en nuestro pensamiento. Esto nos abre la posibilidad de diseñar nuestra vida y evitar que las cosas sucedan de manera inesperada. Nos permite reconocer que tenemos mucho más qué decir sobre quiénes somos frente a la vida.

La meditación cambia la estructura neuronal para transformar el cerebro y sanar al sistema nervioso. Esto hace que nos afinemos, como un instrumento musical, con el fin de lograr una vibración que permee en la vida desde una posición de armonía y bienestar. Es una buena manera de extender el estado mental de emociones positivas; además, ayuda a reordenar la mente para calmar la ansiedad. Mediante la respiración y la postura corporal nos abrimos a canales energéticos que mejoran la salud, sanan nuestra mente y ayudan al funcionamiento del sistema inmunológico.

Cuando estudié meditación me recomendaron empezar sin ninguna expectativa; sentarme en silencio de tres a cinco minutos y poner mi atención en la respiración. Me ha servido mucho meditar en cualquier lugar, sobre todo cuando salgo de balance. Lo que hago es poner atención en el interior de mi cuerpo; inhalo contando hasta cuatro, sostengo la respiración también en cuatro y suelto el aire con el mismo conteo.

Cuando nos alteramos respiramos superficialmente, por lo tanto se produce mucha angustia en el cuerpo. Como esto sucede de manera inconsciente es importante regresar la atención a la respiración y mandar el mensaje de que todo está en equilibrio. Desde ahí siempre surge una nueva posibilidad.

¿Te das cuenta cómo en el recorrido por este libro (desde los pilares, las dos dimensiones, la física y la espiritual, hasta la capacidad de modificar quiénes somos) se te han abierto un sinfín de posibilidades como ser humano? Creo que al entenderlo verdaderamente te convencerás de que no hay nada fijo, de que puedes proponer quién quieres ser en cada momento y elegir la versión más poderosa, amorosa y grandiosa que desees.

Una vez que tengas clara esta propuesta, podrás escoger cómo construir tu realidad, que —como hemos aprendido— será un reflejo de *quién eres*.

La física y la espiritualidad

La física y la espiritualidad nos enseñan que todo en el universo está íntimamente conectado. La idea de que somos seres separados unos de otros y del mundo es una ilusión. La realidad es que todos somos *uno*. Nuestra esencia se conjunta en todo momento con la de otros en el universo cuántico.

La realidad nace del vacío, de la nada, y se presenta ante las personas como una fuente infinita de posibilidades. La realidad en sí misma es potencial puro, y es la mente observadora quien disminuye ese potencial y reduce esa infinidad de oportunidades. Este potencial puro es inagotable y abarca todas las cosas. En este nivel no existen tiempo ni espacio. Desde este lugar creamos nuestra realidad por medio de los pensamientos y las intenciones. La realidad personal es lo que el observador decide observar, una simple elección.

Lo que percibimos como objetos sólidos en el espacio físico son energía e información en el nivel cuántico; de tal suerte que todo es potencial puro.

Por ejemplo, la silla donde estamos sentados o la computadora donde escribo nacen en este momento a partir de lo que percibo del vacío. Lo significativo para nosotros es reconocer que la realidad va mucho más allá de las circunstancias y de lo que se puede palpar en el mundo físico. Eres tú el observador que tiene el poder de crear tu realidad.

Es imprescindible cambiar nuestra perspectiva con el objetivo de dejar de enfocarnos en el mundo físico en el que estamos inmersos y optar por conectarnos con la energía del universo para confiar en los procesos y los cambios. Para lograrlo debemos utilizar la intuición; generar acciones desde un lugar poderoso. Nos parece extraño porque nos han educado al revés: poner atención en el mundo físico, racionalizarlo, dar un significado a las cosas y reaccionar a partir de ello.

Podríamos decir que la teoría de la física cuántica va de la mano con el concepto del *no ego*. Según esta teoría, la realidad no se rige por tiempo alguno tal y como nosotros lo entendemos, lo cual nos lleva a comprender que es en el hoy, en el presente, cuando podemos actuar y cuando tenemos todo nuestro poder. El hecho de que el momento actual sea nuestra única realidad aplasta a nuestro ego, pues en el presente no existe historia en la que pueda vivir; sólo lo que elegimos percibir, que es extraído del potencial puro que está siempre presente frente a nosotros.

LA REALIDAD MOLECULAR[4]

Los sorprendentes experimentos del científico japonés Masaru Emoto con las moléculas de agua han abierto una increíble puerta a la posibilidad de que nuestra mente sea capaz de crear la realidad. Armado de un potente microscopio electrónico con una diminuta cámara, Emoto fotografió moléculas provenientes de aguas contaminadas y de aguas de manantial, las metió en una cámara frigorífica para que se congelaran y, así, consiguió fotografiarlas. Lo que encontró fue que las aguas puras creaban cristales de una belleza inconmensurable, mientras que las sucias sólo provocaban caos. Más tarde, procedió a colocar palabras como "amor" o "te odio", y encontró un efecto similar: es decir, el amor provocaba formas moleculares bellas, mientras que el odio generaba caos en las moléculas. Por último, probó con

---

[4] Mario Liani, "Las Enseñanzas de Kryon", en: http://www.38uh.com.

música relajante, música folk y música *thrash* metal, con el resultado de un orden y caos que se pudieron ver en las fotografías.

La explicación biológica a este fenómeno es que los átomos que componen las moléculas (en este caso, los dos pequeños de hidrógeno y uno grande de oxígeno) se pueden ordenar de diferentes maneras: armoniosa o caóticamente. Si tenemos en cuenta que 80% de nuestro cuerpo es agua, entenderemos cómo nuestras emociones, pensamientos, palabras y hasta la música que escuchamos influyen en nuestra realidad. Nuestra estructura interna reacciona a todos los estímulos exteriores, reorganizando los átomos de las moléculas.

Cada segundo, en una vida como la moderna, llena de estímulos, nos bombardean enormes cantidades de información. El cerebro sólo procesa una mínima cantidad de ella: 400 000 millones de bits de información por segundo. Los estudios científicos han demostrado que sólo somos conscientes de dos millones de esos bits, referidos al medio ambiente, al tiempo y a nuestro cuerpo. Así, lo que consideramos la realidad, es decir, aquello que vivimos, es sólo una mínima parte de lo que podemos percibir.

¿Cómo se filtra toda esa información?

La filtración ocurre a través de nuestros pilares: lo que creemos acerca del mundo. Nuestros pilares construyen lo que sentimos en nuestro interior y nuestra visión del mundo. Cada información que recibimos del exterior se procesa desde las experiencias que hemos tenido y nuestra respuesta emocional procede de estas memorias. Por eso, es interesante reflexionar que lo que percibimos e interpretamos no es la verdad.

A REFLEXIONAR...

- El permitirnos cambiar y despertar a una nueva conciencia es una forma de reinventarnos; es a su vez lo que promueve que haya una reorganización en nosotros como organismos.

- El cambio renueva al organismo, y los seres humanos como organismos biológicos tenemos la habilidad de reestructurarnos al encontrar la armonía perfecta en una nueva estructura. El organismo goza de un autoconocimiento que posibilita la readaptación a una mejor forma, que es lo que nos brinda vitalidad.
- Cuando un ser humano resiste el cambio y trata de salir adelante con las estructuras preestablecidas, bloquea su evolución y eventualmente deja de funcionar dentro del entorno.
- Transformarnos y crecer nos permitirá una configuración mucho más compleja, que tendrá mejores cualidades para relacionarse con el momento presente.
- Nos hemos inclinado a pensar que los seres humanos debemos conservar y sostener el equilibrio en nuestra vida, pero irónicamente es en el desequilibro en donde el organismo evoluciona y se trasforma, siempre consciente de que existe un orden interno.
- *Reconocer que la realidad objetiva no existe y que la que percibimos es creada por nuestra visión del mundo nos da la posibilidad de observarnos tanto dentro como fuera de nosotros.*
- Según nuestros pilares clasificamos la realidad, lo que refuerza la teoría de que lo bueno y lo malo no existen, sino que sólo existen percepciones múltiples. Ante lo dicho vale la pena hacerse dos preguntas: ¿cuál es mi propósito? Y ¿cómo uso esta experiencia para crecer y estar en paz?
- La palabra juega un papel fundamental. Es imprescindible que, al entrar en los procesos de conciencia y evolución, estemos presentes a la integridad de nuestra palabra, de tal manera que ésta no sólo sea escuchada sino también concretada en nuestras vidas.
- *Cuando somos débiles con la palabra no sólo perdemos nuestra fuerza, también perdemos la posibilidad de vivir en campos energéticos elevados.*

- Entre más alta es la energía en la que vivimos más nos alejamos del drama y de atraer energía pobre a nuestras vidas.

- Si tenemos claridad sobre quiénes somos y cuáles son nuestras fuerzas y objetivos, podremos responder inteligentemente a los cambios y retos que trae consigo el entorno. El autoconocimiento permite que haya menor vulnerabilidad y da libertad de elegir cómo respondes ante determinada circunstancia.

- La libertad y el cambio resultan ser los ingredientes más importantes para ordenar a un organismo vivo. La habilidad de procesar información da como resultado un mayor nivel de inteligencia. Es difícil pensar que cuando el caos gobierna nuestra vida será suficiente con tener claros nuestros principios para salir adelante.

CAPÍTULO 3

CÓMO RELACIONARNOS CON OTROS PARA CREAR UNA ATMÓSFERA DE ARMONÍA Y REALIZACIÓN

Un poco de filosofía...

Para entender el origen filosófico de los temas que hemos tratado es importante entender la propuesta de Heidegger, una de la figuras protagónicas de la filosofía occidental, que influyó en el existencialismo del siglo XX; es a partir de su pensamiento de donde surgen las bases filosóficas del *coaching* ontológico.

Heidegger plantea que el hombre se define por su relación con el mundo; explica la diferencia que existe entre relacionarnos con otros mirándolos como objetos o verlos como personas (con miedos, inseguridades, carencias, sueños, pero a su vez como seres iguales a nosotros). Así, la experiencia de los seres humanos es la de convivir en el mundo con seres humanos; es siendo parte de otros como nos definimos como humanos. Existimos por ser parte de los otros.

Heidegger propone que somos y nos convertimos en parte de una existencia por el entorno, que él denomina *cultura* (como vimos anteriormente), en la cual estamos inmersos. Sin embargo, debemos tener la capacidad de observar cómo existimos en el mundo y en nuestra vida cotidiana, en el diario vivir, ya que estamos sumergidos en el entorno y éste es el que nos permite la existencia misma. Es decir, no importa si soy mamá, empresario o criminal, necesito del otro para definir mi papel y mi existencia.

Somos parte del mundo tanto como él es parte de nosotros; esto le da un sentido al estudio del ser.

El filósofo propone que el hombre se encuentra *arrojado a la existencia;* esto quiere decir que las circunstancias están dadas y esta situación lo define, lo limita y lo ciega.

El gran reto es despertar dentro del entorno; darnos cuenta de que somos parte de la cultura y de que el individuo está siempre en peligro de ser sumergido en el mundo de los objetos, la rutina y el comportamiento de las demás personas.

Para Heidegger la única posibilidad auténtica es la muerte, por eso si el hombre quiere llevar una existencia auténtica debe vivir como un "ser-para-la-muerte"; es decir, vivir anticipando o teniendo en cuenta su propia aniquilación, que no es otra cosa más que el último sinsentido de la vida. Sólo por este enfrentamiento puede adquirirse un auténtico sentido del ser y afirmarse como individuo.

Esta postura frente a la vida y la muerte nos da la libertad que nos permite cuestionar las creencias a las que estamos arrojados y que le dan un sentido banal a nuestro existir, pues de otra manera hablaríamos, según Heidegger, del *Dasein,* o sea, del *ser-ahí,* donde el ser se encuentra arrojado a la cultura, mimetizado en ella, viviendo sin conciencia. A este proceso de concientización lo denomina "despertar a la autenticidad de tu ser".

La ansiedad aparece porque el ser no soporta la posibilidad de la nada. Así, se produce lo que llama la *caída,* que es cuando el *Dasein (ser-ahí)* se vuelve consciente de que se ha sumergido en el mundo y ha perdido autenticidad. En este punto es donde el *Dasein* se vuelve responsable de su propia vida, lo que llama *cuidado.* Los seres humanos creamos conciencia de la importancia de ser y estar en el mundo y de que nuestra responsabilidad (habilidad de respuesta) es cuidarnos para ser auténticos, sin permitir que el mundo de todos los días nos arrastre y provoque que vivamos dormidos a una vida creada por *default,* en la que nuestras creencias, propósitos y acciones sean impulsadas y creadas por el entorno sin que haya un despertar a nuestra conciencia y, por lo tanto, a cuestionar lo que nos mueve en el mundo.

Dar este paso nos permite cuestionar creencias, pensamientos y emociones que entorpecen al ser en su camino para llegar a la autenticidad, a la paz y a la eficiencia en las metas que se propone.

Es importante darnos cuenta de que, a menos que hagamos un esfuerzo consciente, estamos incapacitados para discernir la diferencia entre nuestro mundo interior y el mundo que nos rodea.

El medio ambiente en el que estamos inmersos no es necesariamente nuestra realidad. Si nos separamos un poco de él, podremos escoger otras realidades, unas que puedan hacernos más felices.

De aquí nace la importancia de vivir en el presente y de experimentarlo con plenitud, de verter en cada experiencia todo nuestro ser. Vivir de esta manera nos lleva a amar la vida tal y como es. En el hoy tenemos la posibilidad de evitar el malestar de las emociones negativas de las que somos presa: la culpa, que es una emoción del pasado, y la angustia, una del futuro. El presente es la llave que nos libera de las emociones que nos preparan las trampas del sufrimiento.

Como Heidegger planteó: no somos ni existimos sin el entorno y sin las circunstancias que nos rodean, vivimos intrínsecamente dentro de ellas y nos volvemos ciegos ante su presencia. Pero si la gran labor es desarrollar un "ser auténtico", el paso siguiente será utilizar el entorno para conocernos más y para encontrar las respuestas de nuestras búsquedas.

Veamos, llevo muchos años trabajando como *coach*. Mi experiencia es que lo que te hace conocer quién eres, lo que te revela todo acerca de ti, es lo que juzgas y atacas en otros. Es legítimo observar en los demás comportamientos que no van con nuestras preferencias o valores y que se vuelven la realidad de las personas de nuestro alrededor, que nos puede o no gustar. Lo importante es detectar cuándo esto se vuelve un problema para ti. Por ejemplo, cuando vivimos en la conversación de lo que él o ella deberían cambiar o hacer diferente; como dicen "cuando te choca te checa". Cuando te quedas sólo en juzgar y sufrir por lo que ves en otros, sin darte cuenta de cómo habla esto de ti, esto evita que llegues a conocerte y liberarte y, por lo tanto, la conquistar tu paz interior.

La manera en que nos relacionamos generalmente tiene una falla común: en gran medida nos relacionamos gobernados por nuestro ego y vivimos proyectando en los otros nuestros enojos, carencias y frustraciones, sin tomar la responsabilidad de sanarnos y reconocer estas emociones como señales de nuestros caminos a explorar para el crecimiento interior.

Si no reconocemos en nosotros cómo cooperamos para ser parte del problema social, viviremos siendo parte de nuestra *cultura,* pensando que somos diferentes, razonables y mejores a los demás, sin reconocer que esta ceguera y distorsión comunes son las generadoras de la enferma miopía en la que vivimos.

Debemos entender que vivimos sumergidos en una cultura que constantemente nos absorbe de manera consciente e inconsciente; nos permea, invitándonos a reaccionar, responder, elegir y ser desde sus normas. Lo que propone Heidegger es ser auténticos como seres humanos en la mayor medida y descubrir qué significa esa autenticidad.

Cómo nos relacionamos con otros

Viviendo en las cajas

El principio es que los seres humanos al relacionarnos con otros, la mayoría de las veces, perjudicamos nuestras relaciones por autodecepción.

Una situación común es, por ejemplo, cuando José llega a su casa; su mujer está cocinando, lavando la ropa y atendiendo a los niños. Él tiene ganas de sentarse a ver el futbol, pues juega su equipo favorito. En ese momento se oye un llanto desde la habitación del bebé; el pequeño necesita ser atendido. José camina hacia la recámara con el deseo de ayudar a su mujer. Poco después piensa por un momento y mejor decide dejarlo en manos de ella y sentarse a ver la televisión.

José tuvo dos opciones:

1) Honrar el impulso o deseo (en este caso, ir a atender al bebé). Este ejemplo nos recuerda cómo en muchas ocasiones también a nosotros se nos han presentado situaciones en las que o podemos honrar el deseo o traicionarlo.

2) Traicionar el deseo. Cuando elijo no ayudar, contribuir, comunicar o acercarme al otro, entonces he escogido traicionarme; esto es, ir a la guerra. Estar en este lugar es lo que llamamos "estar en la caja".

Lo que sucede en casos similares es lo siguiente: cuando nace el impulso de ayudar, el primer instinto es apoyar en determinada situación. Al no honrar ese deseo, creamos culpa y a partir de ésta proyectamos nuestra historia, basada en la justificación, para sustentar la traición del anhelo.

Al no honrar tu deseo, creas la justificación que se vuelve la historia. De este modo, dejas de vivir en lo que es real y comienzas a vivir en la mente. La atención se concentra en construir la justificación de tus actos, completamente fuera del presente y de la verdad. A esto se le llama "entrar en la caja". En ella no somos nosotros, cambiamos. De igual manera cambian el otro y la realidad con el fin de que todo se apegue a mi justificación, a mi historia. Este proceso necesariamente transforma a las personas de nuestro alrededor; dejamos de ver su esencia, las deshumanizamos, las comenzamos a ver a través de nuestras cajas; por lo tanto, se rigidizan y ya no podemos ver el espectro de ellas, sino una caracterización que se ajusta a nuestra historia acerca de ellas.

Una vez que entramos en la *caja,* atacamos, criticamos y juzgamos a los otros. Para justificar semejantes actitudes involucramos a otras personas en nuestras historias a fin de encontrar aliados que nos apoyen en las guerras y posturas que nos pertenecen; esta locura empieza a expandirse entre quienes nos rodean como un virus.

Volvamos al ejemplo. Si José hubiera honrado su deseo:

A) José llega a su casa cansado con ganas de ver el futbol.

Observa la situación.

Oye al bebé llorar.

Surge el deseo de contribuir.

Calma al bebé.

Después ve el futbol.

Lo que sucedió cuando José no honró su deseo:

B) José llegó a su casa cansado con ganas de ver el futbol.

Observó la situación.

Oyó al bebé llorar.

Surgió el deseo de contribuir, pero no lo llevó a cabo.

¿Qué sucedió? Construyó la justificación y una historia nacida de la culpa que va más o menos así:

—No puede ser. Llego tarde de trabajar, lo único que pido es ver el futbol, estoy agotado. Finalmente, yo trabajo duro para mantener este hogar. Lo que me faltaba… Tener que llegar a seguir trabajando. Es increíble lo que tengo que hacer por esta familia.

En esta historia de José, la figura de la esposa es concebida de la siguiente manera:

—Mi esposa es una desorganizada. No puede ser que a esta hora no haya terminado la cena y siga lavando ropa. Debería levantarse más temprano. Le he dicho mil veces que empieza tarde con las labores de la casa y, claro, ahora no tiene tiempo ni para atender al bebé. Es una inútil.

Como vemos, si José hubiera horado su deseo, los sentimientos de él estarían en paz. Su mujer sería legítima, es decir, un ser humano igual que él, que vive la situación con el corazón y la mente con tranquilidad. Al no honrar el deseo, la *culpa* lo llevó a distorsionar quiénes son él y ella ante la situación y cuál es la realidad. Así, ante sus ojos justifica sus acciones y sus ataques en contra de su mujer.

Antes de entrar en la *caja,* José era amoroso, comprensivo, y su mujer estaba en un lugar legítimo y neutral de amor. En la *caja*, José se convirtió en la víctima y su mujer en una figura despreciable, mientras él justificaba su postura.

Por muchos detalles, esto nos sucede a todos minuto a minuto al relacionarnos con otros. La alarma de que estamos en una *caja* es la justificación, la defensa y el ataque.

Ojo: aquí se habla de honrar los deseos que van de la mano de la contribución; es decir, de aquellos que tienen un fin benévolo porque nacen de una intención positiva a los otros o a uno mismo.

Las *cajas*: Existen cuatro justificaciones que viven en nosotros y nos llevan a la *caja* junto con otros. Éstas tienen que ver con la manera en que nos vemos a nosotros mismos y cómo nos percibimos frente a los demás, tal como explicaré a continuación.

1) *"Soy mejor que otros"*
Las emociones que van de la mano con esta *caja* producen sentimientos, frente a otros o frente a circunstancias, de superioridad, importancia, virtuosismo, impaciencia, indiferencia; de

tal manera que las otras personas nos parecen inferiores, incapaces, incorrectas y, por lo tanto, sentimos la necesidad de corregir constantemente. Tendemos a menospreciar, discriminar y, en general, a ver a los demás como incompetentes, ignorantes, etcétera.

No le sirve a nadie que pienses que eres mejor. Muchas veces el pensar que nosotros somos mejores, que estamos en lo correcto o que de alguna manera somos superiores a los demás (ya sea intelectual, espiritual o socialmente hablando) es un síntoma de que estamos actuando y contribuyendo a la enfermedad. ¿Parece irónico, verdad? Es frecuente sentir que nos hemos superado ante los demás, lo que provoca comportamientos que destruyen las relaciones interpersonales. Lo importante es reconocer que nuestra autenticidad se logra siendo parte del todo.

Reconozco que estoy en la *caja* cuando me doy cuenta de que los otros no me parecen tan importantes, por lo que he dejado de sentir curiosidad acerca de sus vidas y sus preocupaciones. Con esta fórmula, el otro se transforma en un objeto que sirve para lograr mis metas y objetivos. Cuando vivo pensando que soy superior a otros me excuso de muchos comportamientos.

2) *"Merezco más que otros"*
Esta justificación va de la mano con la pasada. Normalmente, cuando vivimos en la *caja* anterior lo lógico es sentir que merecemos más simplemente por nuestra *superioridad*.

Cuando estamos en esta posición generalmente nos sentimos maltratados, víctimas, merecedores, limitados, resentidos. En esta *caja* tendemos a querer tener la razón; la justificación crea historias en las que vivimos, y probablemente entre más creas tener la razón, más equivocado estás, ya que pides algo desde la confusión. De la misma manera, cuando te sientes maltratado, también te ciegas ante las formas en que maltratas a los demás y a ti mismo. La necesidad de vivir justificándote y, por lo tanto, de vivir en las historias, oscurece la verdad.

En el momento en el que sientes que los demás te deben algo, seguramente eres tú quien genera que las personas se resistan a ti y se alejen. Cuando nos sentimos merecedores vivimos en constante carencia, porque nada de lo que nos da la vida lo podemos apreciar.

Si pienso que merezco más que otros me coloco en una postura de exigir que los otros me den lo que *merezco;* por lo tanto, no es mi responsabilidad si los culpo, los trato mal o los minimizo.

3) *"Las personas deben verme como…"*

En esta *caja* partimos de la preocupación de lo que los demás piensan de uno. Cuando ésta es nuestra preocupación es común que no exijamos a los otros legítimamente. Nos volvemos suaves y permitimos de los demás posturas y actitudes que no son sanas para nadie; por ejemplo, a nuestros hijos por culpa, a nuestros empleados por minimizarlos, a nuestras parejas porque nos faltan al respeto, etc. Si no estuviéramos en esta *caja* seríamos exigentes, pondríamos límites y apareceríamos firmes, directos y productivos en nuestras relaciones.

Si esta *caja* se mezcla con una *caja* de "soy mejor que" dejaremos de ser duros y de hablar de frente sólo por querer cuidar nuestra imagen, y detendremos la idea dañina de que los demás son inferiores (causa por la cual el otro nunca será beneficiado con nuestra aparición en su vida). Esto me parece muy interesante: tomar la actitud de ser suave frente a los demás es un ingrediente importante dentro de una *caja;* al estar molestos por no honrarnos frente al otro comenzará la distorsión, proyectaremos nuestros sentimientos a la otra persona y justificaremos nuestras actitudes.

En esta *caja* aparecemos frente al mundo con determinadas posturas porque nuestra imagen se vuelve muy importante; por lo tanto, el exterior se vuelve juicioso y amenazante. Sentimos que las personas nos observan, nos escuchan y nos evalúan, por lo que nos distanciamos de ellas, y entre más separación exista más angustia se generará. Somos vulnerables a las críticas; de alguna manera dependemos siempre de la adulación.

4) "Soy peor que otros"

En esta *caja,* por alguna razón, nos sentimos inferiores a los demás por un problema de autoestima.

Lo que usualmente sucede cuando vivimos así es que justificamos nuestro sentimiento de inferioridad, nos alejamos de los demás y distorsionamos nuestros comportamientos en función de nuestra creencia. Lo común es que por esta sensación no seamos directos con nuestras peticiones y acabemos resentidos con quienes están alrededor, por lo que nos volvemos ciegos a sus necesidades. Esta postura también es peligrosa porque se convierte en la justificación perfecta para no relacionarnos con el mundo desde un lugar poderoso y para no tomar las riendas de nuestra vida.

En el momento en el que te permites vivir en una *caja* determinada, creas en ti una necesidad que no va a la par del bienestar y de la verdad. La necesidad se convierte en acusación hacia los otros, te lleva a justificar tus posturas y, de esta manera, provoca esa misma respuesta en las personas que te rodean. Entre más obsesivo eres porque tus necesidades no están siendo cubiertas por los demás, más ciego te vuelves a las necesidades de quienes aparecen en tu vida. El otro ya no cuenta, o quizás no cuenta tanto como tú, y desde ese lugar te permites maltratarlo sin brindarle la legitimidad que merece como un ser igual a ti. Vivir en semejante posición provoca que perdamos la sensibilidad hacia los demás.

En este proceso caracterizamos a las personas, y tratamos de lograr la peor imagen que podamos hacer de ellas. Queremos tener todo el foco de atención en nosotros y, al mismo tiempo, nos escondemos detrás de nuestros juicios rígidos basados en categorías morales o sociales, o los justificamos con alguna causa exterior que parezca merecedora.

Al meter a otras personas en *cajas,* caracterizarlas y verlas como objetos, suceden varias cosas:

- las caracterizaciones de las personas van de la mano de mi historia;
- las caracterizaciones alteran la identidad de las personas;
- las caracterizaciones tienen que ver con el pasado;
- si creemos en las caracterizaciones que inventamos de los demás, los etiquetamos y creamos una idea de ellos para siempre, lo que se volverá una incompetencia que quedará en nosotros;
- las caracterizaciones cierran posibilidades para poder generar una acción efectiva.

Es interesante observar cómo invitamos a otros a tener exactamente el comportamiento que criticamos en ellos, para poder justificar nuestra postura y así permanecer en la *caja,* pues el ego se siente completamente identificado.

Dejar la *caja* requiere trabajo y responsabilidad, de lo contrario nunca podremos vivir en paz.

Cuando observamos la vida fuera de la *caja* cambian el pasado, el presente y el futuro, tanto de la realidad como de nuestras relaciones.

Las señales para darte cuenta de que has caído en una *caja* son: la culpa, la justificación, la crítica, el sentir frustración y enojo constante en contra de una situación o una persona. En cambio, cuando comenzamos a salir de la caja, sentimos esperanza en donde sólo había sentimientos negativos.

Para salir de la *caja:*

Nuestra manera de estar en la vida puede ser *con un corazón en paz o con un corazón en guerra.* Nuestro comportamiento puede parecer justo y controlado, pero si el corazón no está en paz, sanado y feliz, nada de lo que los otros experimentan de nosotros será válido.

Lo que debemos hacer es sanar nuestro corazón y vivir con tranquilidad. Para ello es necesario apoyarnos en las circunstancias y en las personas de nuestro alrededor como maestros.

Actuar desde la *caja* implica provocar en otros los comportamientos y comentarios de los cuales los estamos acusando. Con un corazón en guerra podemos reconocer que nuestros razonamientos son correctos en la superficie aunque, al mismo tiempo, sean completamente incorrectos a un nivel más profundo, en la manera de *ser* frente al otro.

Lo importante será triunfar en nuestra "forma de ser" (ser desde la paz, pues desde ahí todo se acomodará en el exterior).

El primer paso es sanar las guerras internas que envenenan nuestros pensamientos, sentimientos y actitudes hacia los otros. Si no hemos puesto fin a la violencia que vive en nuestro interior será inútil terminar con la violencia que existe en el exterior. Lo imprescindible es reconocer que somos nosotros quienes elegimos que nuestros corazones se vayan a la guerra.

Cuando tenemos claridad frente a los demás, cuando los humanizamos y somos capaces de ver en qué medida hemos contribuido a la enfermedad de nuestra relación, es entonces cuando nos damos cuenta de que debemos pedir perdón. Éste es un acto que debemos hacer cada vez que tomamos responsabilidad y observamos que estamos dentro de alguna *caja,* por lo que hemos dejado de hacerle justicia a otros.

Para sensibilizarnos y salir de la caja es importante:

1) Humanizar al otro, lo que quiere decir: observarlo desde sus miedos, sus sueños, sus esperanzas, sus retos, sus dolores, etcétera.

2) Reconocer que el problema está en nosotros y que desde ahí lo podemos sanar al recobrar una perspectiva real, en la cual dejamos de ver al otro como objeto y lo volvemos a ver como persona.

3) Pedir perdón si es necesario.

4) Despertar nuestra curiosidad hacia el otro desde un corazón en paz, y crear una conversación basada en la curiosidad de entender más sobre él. Así, podemos preguntarnos ¿cuáles son las batallas, dolores, retos, miedos de esta persona? ¿Cómo hemos contribuido yo o el grupo al que pertenezco a su malestar? ¿Cuál *caja* está interfiriendo con las posibles soluciones? ¿Qué podría hacer por esta persona? ¿Cómo podría ayudar?

Es sorprendente que cuando atacamos el problema desde nosotros mismos conseguimos sanar la guerra interna y en gran medida aliviar y disolver la guerra externa; a esto se llama sanar por dentro.

Cuando por fin podemos ver las circunstancias con claridad, sin exageración ni justificación, y dejamos de sobrerreaccionar en el lenguaje y la acción, promovemos en nosotros la paz y probablemente reconocemos que nuestra necesidad de que otros cambien es equivocada.

Corregir al otro trae como consecuencia su enojo. Si pensamos que otra persona puede beneficiarse con nuestra ayuda es importante comenzar por comunicar, aprender y construir la relación, y preguntar desde nuestro corazón abierto y en paz.

Es posible solucionar nuestros conflictos exteriores en la medida en que encontremos soluciones reales a nuestros conflictos interiores. Si por alguna razón es inevitable luchar en el exterior, entonces debes estar alerta de ir a luchar con un corazón en paz.

Autoestima[1]

Es interesante entender cómo funciona la autotraición en relación con la autoestima. Cada vez que nos surge el deseo de honrar nuestro bienestar nos encontramos en la misma disyuntiva: si mi deseo es dejar una relación abusiva pero mis razonamientos y mis miedos me mantienen día a día dentro de esta circunstancia, lo que me hiere no será necesariamente la relación, sino el no honrar los deseos de mi corazón.

La tristeza sigue a los miedos, a las inseguridades y a la falta de valor con la que vivo mi vida. Honrar los deseos del alma permite dar el primer paso para amar la vida y los profundos anhelos del ser. Estos deseos pueden representar miles de situaciones, como hacer ejercicio, alimentarme mejor, pedir un aumento de sueldo, poner límites en una relación, etcétera.

La autoestima se divide en cinco áreas que afectan directamente tu vida; evalúa en cuáles vives dando honor a tu amor propio y en cuáles estás traicionando lo que hoy representa lo mejor para ti:

1. *La manera en que te cuidas*
   Ejercicio.
   Consumo de cigarros, alcohol, cafeína o drogas.
   Alimentación.
   ¿Cuantas cosas te mantienen preocupado en un nivel que te deja ansioso la mayoría del tiempo?
   ¿Qué tan saludable y fuerte te sientes?
   Crecimiento espiritual.

---

[1] Arbinger Institute, *The Anatomy of Peace: Resolving the Heart of Conflict*, San Francisco, Berrett-Koehler Publishers, 2006 y Arbinger Institute, *Leadership and Self-Deception: Getting out of the Box*, San Francisco, Berrett-Koehler Publishers, 2010.

2. *La manera en que logras hacer un ambiente seguro*

¿Qué tan seguro te sientes en tu medio ambiente?

¿Tienes soporte emocional?

¿Crees que siempre va a haber alguien que se preocupe por ti?

¿Qué tan satisfecho estás con la manera en que administras tu dinero?

¿Qué tan confiado te sientes de ganar dinero?

¿Crees que tienes la habilidad de sacar adelante tus responsabilidades?

¿Cómo te sientes con tu situación económica actual?

3. *Crear una imagen positiva sobre tu físico*

¿Crees que las personas te encuentran atractivo?

¿Cuánto esfuerzo pones en consentirte y darte tiempo para verte y sentirte mejor?

¿Sientes satisfacción por mantener y cuidar tu imagen frente al mundo?

4. *Crear relaciones productivas y sanas con tus semejantes*

Cuando alguien hace algo que te lastima ¿cómo reaccionas?

¿Necesitas la aprobación de otros para sentirte bien en determinadas situaciones?

¿Qué tan bueno eres para mantenerte cerca de la gente que quieres y lejos de la gente que te hace daño?

¿Qué tan seguido haces sentir mal a alguien porque no te regresa una llamada o porque no está atento a tus necesidades?

¿Eres independiente y responsable de ti frente a otros?

5. *Desarrollarte en un ambiente social y profesional*

¿Qué tanto confías en tus talentos? ¿Vives apasionado con tu vida?

Si en una reunión social alguien se acerca a decirte algo bonito, ¿cuál es tu reacción?

Cuando estás rodeado de personas inteligentes y se trata un tema que no conoces bien, ¿cuál es tu reacción?

¿Te consideras una persona de éxito?

Las personas que se enfocan en estar bien en estas cinco áreas de su vida reflejan una autoestima más elevada que las que no atienden a alguna de ellas.

La autoestima mejora cuando nos identificamos con la parte de nuestro ser que refleja a nuestro ser divino; cuando nos sentimos suficientes; al ponernos en paz con nuestros defectos y virtudes; al amar a la persona que somos, sin comparaciones ni expectativas que nos obliguen a vernos en relación con nuestro exterior y no con nuestro ser interior. La autoestima se sana al estar en el presente y entender que la persona que somos hoy es ideal para vivir y para estar en paz.

Una manera importante de que encontremos el amor es salirnos de la idea de que tenemos que cambiar algo; por ejemplo, el pensamiento "estoy gorda, debería hacer ejercicio" es una idea que nos juzga, nos minimiza y nos aleja del aprecio por nosotros mismos. Si identificas que quieres crear un cambio en ti, hazlo desde la acción. El pensar en que lo debes hacer y no moverte a la acción permite que vivas asumiendo pensamientos que constantemente te van a descalificar.

¿SON CIERTOS TUS PENSAMIENTOS?

El trabajo de Byron Katie[2]

Existe un refrán que dice: "Al señalar a otros sus fallas, el dedo índice apunta a ellos y los tres restantes apuntan hacia ti". Es muy importante alejarnos de la silla que nos entrona como superiores y desde la cual enjuiciamos a otros sin poder ver nuestra propia imperfección, cuestión que entendemos intelectualmente pero que pocos han podido poner en práctica.

---

[2] Basado en Byron Katie y Stephen Mitchell, *Loving What Is: Four Questions That Can Change Your Life*, Nueva York, Three Rivers Press, 2003.

Disfrutamos juzgar, criticar…, incluso hacemos nuestras conversaciones acerca de cómo nos molestan las fallas, las actitudes y las formas de ser de otros poniendo nuestra felicidad en esta disfunción. Si revisas tu vida estoy segura de que fácilmente encontrarás a quién has juzgado o con quién piensas que tienes un problema, lo cual te ha robado la paz.

Ventilar lo que sentimos hacia otros nos hace sentir bien y lo justificamos diciendo "es la verdad…" En otras palabras, yo soy el protagonista de esta historia, él es el malo y lo que hago es traer un poco de drama a mi vida.

Recordemos que en la vida existe un balance, como bien dice el Tao:

El maestro vive accesible a todas las personas.

No rechaza a nadie.

Está atento para usar cualquier situación.

No desperdicia nada.

Esto se llama vivir en la luz.

¿Qué es un hombre bueno sino el maestro de un hombre malo?

¿Qué es un hombre malo sino el trabajo de un hombre bueno?

Si no entiendes esto te perderás.

No importa lo inteligente que seas.

Esto es el gran secreto.

Recuerda que todo es relativo, todo existe dentro de un balance y si no te mantienes en tu lugar te vas a perder, como dice el Tao. Tu vida se pierde entrelazada a la vida de otros. Regresa a ti, vuelve a tu poder, lo que ves en otros vive en ti. He ahí la gran oportunidad de sanar y madurar tus fallas para vivir en armonía.

Un buen ejercicio es hacer una lista de las fallas que ves en otras personas y entender en un nivel más profundo por qué te afectan tanto, qué te dicen sobre ti, sobre tu vida, sobre tu pasado o sobre tu toma de decisiones. Cuando dejamos de señalar al otro, la mano se abre hacia el mundo y los dedos que antes nos apuntaban desaparecen. La libertad existe cuando permitimos que la vida sea, cuando recuperamos nuestra energía, cuando respiramos en paz y dejamos que los demás se cuiden solos.

Gracias al trabajo de Byron Katie he vivido una experiencia reveladora, la de darme cuenta de cómo nos engañan nuestros pensamientos hacia otros y hacia las circunstancias. Los principios que nos ha compartido son geniales para el trabajo de *coaching*. A través de ellos es posible entender cómo nos reflejamos en otros, cómo luchamos por querer regir sus vidas y cómo sufrimos por no aceptar la realidad de las cosas.

Para Byron Katie existen tres ámbitos en la vida:

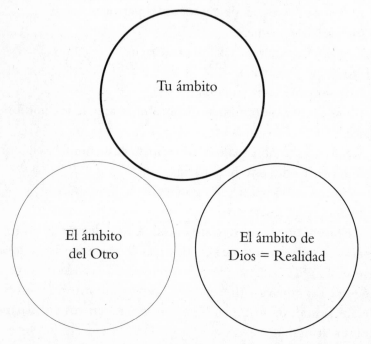

Tu ámbito representa absolutamente todo lo que tiene que ver contigo. Ahí mandas tú, tienes poder y pones tus reglas; en este lugar tus creencias y pensamientos son legítimos y válidos para ti.

El reto en la vida es quedarte en *tu ámbito,* vivir la vida desde ti; no vivir en el ámbito del otro para juzgarlo, sin respetar sus ideas, sus creencias, sus comportamientos y sus acciones.

Suena sencillo, pero constantemente brincamos al ámbito que no nos pertenece. Reconocemos que estamos en ámbitos de otros cuando sufrimos y perdemos el poder en nuestra vida.

Las oraciones que indican que estás en otro ámbito comienzan con:

- Él debería…
- Ella no debería…
- Esto no debería haber pasado.

El *ámbito del otro* es en donde viven todas las personas: las que viven contigo, a tu alrededor y en el mundo. En el ámbito de otros no tenemos poder, no mandamos y no tenemos ningún tipo de decir.

La característica de vivir en el *ámbito del otro* es pensar que nuestras creencias y pensamientos deben ser impuestos a los demás. Partimos de la idea de que tenemos que decir a los demás cómo deberían vivir sus vidas; por muy razonables que sean nuestras ideas, son *nuestras,* y entrar a la vida del otro para corregirlo es una ilusión que nos lleva al sufrimiento.

El tercer ámbito es el de Dios o de la realidad. En este ámbito sucede todo lo que está fuera de nuestras manos, todo lo que tiene que ver con la realidad, como podría ser un temblor, una enfermedad, una muerte o la manera de ser de alguien.

Pelearnos con la realidad o con Dios es algo que hacemos constantemente: no admitimos los hechos como son; podemos pasar la vida sufriendo por no aceptar una muerte, una enfermedad o el comportamiento de alguien querido. Byron Katie dice: "Pelea con la realidad y perderás sólo el 100% de las veces".

¿Vives en tu ámbito? ¿Te haces responsable de tu poder para tu propia vida o vives queriendo cambiar a los demás, corrigiendo o peleando ante lo que es?

Las cuatro preguntas

Existen cuatro preguntas clave (de las cuales se desprenderán algunas otras, como lo verás a continuación) para cuestionar tus pensamientos o creencias. Suena simple, casi imposible de creer.

¿Acaso cuatro preguntas pueden cambiar toda una existencia? La respuesta es relativa. Primero, es básico estar seguro de si quieres cambiar tu experiencia de vida. Debes tomar en cuenta que cambiar implica comprometerse con uno mismo, responsabilizarse de absolutamente todo lo que constituye tu realidad, salirse de una zona de comodidad.

Cambiar, a su vez, podría implicar crecimiento personal, unión con tu espíritu, con tu esencia. Si estás dispuesto a buscar el cambio, entonces sí, cuatro preguntas pueden cambiar toda una existencia.

Cuando ponemos a prueba cualquier pensamiento o creencia frente a estas cuatro preguntas, casi ninguno sobrevive. Así, nos damos cuenta de qué manera vivimos prisioneros de falsas aseveraciones.

Te invito a que cuestiones algún pensamiento que te robe la paz con las siguientes preguntas básicas:

1) ¿Es verdad?
Nos confronta con una no realidad, con una posibilidad de ver una situación de manera más clara y objetiva.

2) ¿Es absolutamente cierto?
Nos confronta con la posibilidad de la no realidad, de la realidad creada por uno mismo. No hay verdades absolutas. Esta

premisa permite revalorar y volvernos a preguntar sobre lo real y lo creado en nuestra mente. De alguna manera, nos demuestra que posiblemente fuimos nosotros quienes creamos esa "falsa realidad" que nos tiene atrapados.

¿Puedes saber más que Dios, más que la Realidad? ¿Somos dictadores de la vida? ¿Puedes saber que eso es lo mejor para ella o él, para ti, para su propio camino? ¿Puedes estar completamente seguro de que si consiguieras lo que quieres serías más feliz?

3) ¿Cómo reaccionas cuando tienes determinado pensamiento?
Es uno mismo quien decide y actúa de cierta manera. Si has reaccionado y actuado de una forma destructiva hacia ti y hacia los que te rodean, sin justificación (ya que esa reacción es originada por una idea y no por la realidad), tienes la posibilidad de cambiar. Para ello puedes hacerte las siguientes preguntas:

¿En qué parte del cuerpo pega el pensamiento?

¿Qué tan lejos se va dicho pensamiento? (Descríbelo.)

¿Qué visualizo cuando enfoco ese pensamiento? (Descríbelo.)

¿Cuándo se me ocurrió por primera vez ese pensamiento?

¿Cómo trato a otros cuando creo ese pensamiento?

¿Qué me digo?

¿Qué hago?

¿A quién ataco con mi mente y cómo? (Sé específico.)

¿Cómo me trato a mí mismo cuando creo ese pensamiento? ¿Es entonces cuando se presenta alguna adicción? ¿Busco comida?, ¿alcohol?, ¿compras?, ¿televisión? ¿Es entonces cuando me critico y me minimizo? ¿Cuáles son los pensamientos que tengo de mí cuando me siento así?

¿Cómo he vivido mi vida? ¿Por qué he creído este pensamiento? (Sé específico, cierra los ojos y ve tu pasado.)

¿Este pensamiento trae estrés o paz a mi vida?

¿A dónde va mi mente cuando creo ese pensamiento? (Escribe qué creencia lo acompaña.)

¿Estoy en mi ámbito cuando estoy en ese pensamiento?

¿Qué gano con poseer y actuar sobre ese pensamiento?

¿Puedo pensar en una razón de paz por la cual quiera conservar ese pensamiento?

¿Qué cosa terrible podría pasar si no creyera en ese pensamiento? (Escribe ese terrible pensamiento, voltéalo hacia ti y analiza si es cierto.)

4) ¿Quién serías sin ese pensamiento?

Hacernos esta pregunta nos abre un sinfín de posibilidades, un sinnúmero de cambios; nos brinda la opción de ser quienes no hemos sido a favor de nosotros mismos.

¿Vivirías de manera diferente si no creyeras en tal o cual pensamiento? Cierra los ojos e imagina tu vida sin esa creencia.

Imagina que conoces a una persona por primera vez, sin ninguna historia: ¿qué ves? ¿Quién eres ahora sin este pensamiento contigo, con el otro y con el mundo?

El trabajo sobre el pensamiento, a partir de la simplicidad, puede originar cambios profundos en la persona. Por ejemplo, si yo fuera a trabajar un pensamiento, el proceso sería más o menos así: vamos a decir que tengo el deseo de escribir un libro, pero después me visita el pensamiento que me dice: "tú no puedes escribir, no eres escritora, te iría fatal".

Ahora, lo pongo a prueba con el trabajo y la guía de Byron Katie:

1. ¿Es verdad?

Automáticamente contestaría: "claro que es verdad, no soy escritora; por lo tanto, no creo que tuviera éxito en ese proyecto".

2. ¿Es absolutamente cierto?

Bueno, no puedo decir que sea absolutamente cierto, ya que sí he escrito antes y probablemente lo que quiero escribir puede interesarle a algunas personas.

3. ¿Cómo reaccionas cuando tienes ese pensamiento?
Normalmente me quita las ganas y la motivación de escribir; me siento incapaz y reacciono con tristeza y frustración.

4. ¿Quién serías sin ese pensamiento?
Sería mucho más libre, me comprometería con mis sueños y me sentiría capaz y con energía para escribir. Sería más suave conmigo y confiaría en mis proyectos y en el exterior.

¿Te das cuenta cómo un inocente pensamiento puede cobrar tantos impuestos en uno? Así son los pensamientos; parecen razonables a simple vista pero cobran un papel muy importante en nuestras acciones y en quiénes somos frente a nosotros y frente al mundo. Te invito a que cuestiones todos los pensamientos que te limitan, que te roban la paz o que te hacen sentir inferior; te sorprenderás del poder de este trabajo. Para más detalles visita la pagina de Byron Katie: www.thework.com.

CAPÍTULO 4

VIVIENDO LA VIDA COMO UNA GRAN CELEBRACIÓN

Escucha

En *coaching* o estás escuchando posibilidades de vida que se alinean con tu propósito o te estás defendiendo, reaccionado y justificando; o vives las experiencias como oportunidades o te colocas en la posición de tener que defenderte de ellas. Idealmente, se escuchan posibilidades, promesas, territorio nuevo donde operar.

Comunicación efectiva significa vivir en una relación, libre del pasado y del futuro. Requiere estar abierto a escuchar, hablar y entender al otro.

Ser un *buen escucha* tiene la característica de poder oír desde un lugar –sin juicio– y contestar según lo que se escuchó, sin dar opiniones, consejos ni juicios. El objetivo es que la persona que habla se sienta genuinamente escuchada. Esto significa escuchar los sentimientos detrás de las palabras sin que tus pensamientos y emociones se metan en la conversación.

Para que la persona se sienta realmente escuchada es importante:

- Poner atención;
- validar su comunicación (haz que ella se sienta bien de expresar lo que quiere decir);
- repetir lo que escuchaste ("esto es lo que entendí que me dijiste");
- nombrar la emoción que vive detrás de las palabras;

- darle las gracias por haber hecho el esfuerzo de comunicarse contigo.

El simple hecho de ser escuchado sana el espíritu.

LA MANERA EN QUE ESCUCHAMOS

¿Te has dado cuenta de que cuando alguien está en una conversación hay personas a las que se les ocurren muchas ideas y planes por el solo hecho de escuchar? En cambio, hay otras que, en la misma conversación, dan miles de razones por las que no se podrá lograr nada.

A mis 28 años me hicieron una propuesta de trabajo en Miami. Yo tenía una tienda de diseño en México, me iba muy bien, estaba contenta, pero tal parecía que ése ya no era mi destino, pues apareció la posibilidad de irme a vivir a otro lugar.

Me ofrecieron trabajar en una compañía española que se dedicaba a hacer *management* para importantes figuras de la música. Me entrevisté en México con la mujer que había levantado la empresa (quien era la presidenta y contaba con el apoyo de un fuerte equipo de trabajo en Madrid). En ese momento estaban abriendo oficinas en Miami y ella consideró que yo era un buen elemento. Lo pensé mucho y viajé a Miami a una segunda entrevista. El trabajo sonaba divertido y cambiarme de país era una buena alternativa, pues, finalmente siempre podía regresar a donde nací. Pero, para tomar la decisión, lo que más me atrajo fue trabajar de la mano de esta mujer. ¡Qué persona tan inteligente, realizada, profesional y respetada en su medio! Sentía que a mi edad era muy buena alternativa trabajar junto a alguien que pudiera ser un buen mentor.

Una de las principales aptitudes que veía en ella era cómo escuchaba y abría posibilidades. Cuando estábamos en una junta o planteando el futuro de un nuevo artista, ella no oía evidencias del pasado sobre cómo funcionaban o no las cosas, siempre creaba una nueva posibilidad, creaba planes de acción, y al final todo era posible. De ahí el éxito de ella y sus artistas.

Me queda claro que las posibilidades están en la escucha. Lo que bloquea la mente es crear razonamientos basados en el pasado y necesariamente en memorias. Si otorgamos mucha fuerza a dichos razonamientos, en su mayoría muy pobres y repetitivos, las circunstancias se adaptarán a nuestras expectativas; por ello no conseguimos lo que queremos sino lo que esperamos.

La única facultad de nosotros que percibe todo lo que es posible es la intuición; por eso, para mí, ésta es la brújula más importante para tomar decisiones. Mi vida se ha basado en escuchar la voz que llevo dentro, a la que poco le importa lo que otros dicen sobre lo que es posible o lo que se ha establecido en mis condiciones de vida o en circunstancias basadas en el simple hecho de ser mujer.

Nada le importa a mi intuición; para ella, soy un ser sin condiciones sociales, llena de energía divina que viene a manifestarse a este planeta; así lo vivo; mi voz interior proyecta el camino de mi ser sin importarle los razonamientos o limitaciones.

Sincrodestino. Cuando todo cae en su lugar

El *sincrodestino* parte de la base de reconocer que hay tres niveles en los que se lleva a cabo la vida a cada momento:

1) El ámbito físico (todo lo que tiene que ver con el mundo material), que está gobernado por la inmutable ley "causa y efecto".

2) El ámbito cuántico, que no puede tocarse ni percibirse por los sentidos. En este espacio vibran tu mente, tus pensamientos, tu ego. Estas cosas carecen de solidez; sin embargo, sabes que tu ser y tus pensamientos son reales.

3) El ámbito no circunscrito, que es potencial puro; es la realidad; no la circunscrita sino la que opera más allá del espacio y el tiempo; vive dentro y fuera de ti; simplemente es. Es la fuerza organizadora que está detrás de todas las cosas. Tu esencia tiene la conexión con este nivel.

El sincrodestino demuestra que el mundo material es un subconjunto del mundo cuántico y el ámbito no circunscrito. Así, el mundo físico está hecho de informaciones contenidas en energías que vibran a distintas frecuencias.

Lo ideal es descubrir el tercer nivel de existencia (ámbito no circunscrito). En éste aprendemos a vivir desde el alma y nos conectamos íntimamente con todo lo que sucede. Cuando logramos estar presentes en este nivel, ocurren varias cosas: tomamos conciencia de los exquisitos patrones y ritmos sincrónicos que ordenan la vida; comprendemos las infinitas experiencias y memorias que nos han convertido en quienes somos hoy; el temor y la ansiedad desaparecen cuando observamos que la vida se desarrolla en cada momento frente a nosotros, convirtiendo a nuestro ser en la expresión infinitamente creativa para la que fue hecho. Con esto vivimos nuestros sueños más profundos y nos acercamos a la luz. Éste es el milagro del *sincrodestino*.

El *sincrodestino* pone énfasis en las coincidencias, las cuales son tan significativas que se vuelven pistas para indicarnos la intención del espíritu universal. De tal manera, se convierten en mensajes del ámbito no circunscrito que nos indican cómo actuar y qué intenciones utilizar para ponernos en contacto con nuestro ser espiritual y desde ese lugar salir a vivir la vida en el plano físico.

Atención e intención

Existen dos ingredientes muy importantes para salir al mundo. El primero es la atención (que nos brindará la capacidad de observar en la vasta realidad lo que queremos realizar); se refiere a la capacidad de ver oportunidades, coincidencias, señales para generar energía e ir en la dirección de nuestros propósitos. El segundo es la intención (que atraerá la energía necesaria para modelar las circunstancias con el fin de que se conviertan energéticamente en caminos para nuestro ser).

Para ilustrar esto me gustaría compartirte la historia de la publicación de mi primer libro, *Una vida sin límites*. Todo empezó por un llamado interno; sé que tú también los has tenido; a lo mejor los has ignorado o son lo que te ha llevado a vivir experiencias maravillosas.

Cuando ignoramos nuestros llamados, lo que sucede es que nos quedamos convenciéndonos todos lo días de que lo que vivimos es perfecto y bloqueamos la posibilidad de una vida más abundante y placentera.

Quizás tu llamado sea dejar una relación o cambiar de trabajo o aventarte a hacer algo que suena imposible o ridículo para otros y hasta ahora también has comprado esa idea. En mi experiencia, durante muchos años sentí las ganas de sentarme a escribir; tenía la idea clara de querer hacer un libro; era algo inexplicable porque nunca había escrito y no era mi profesión, pero era algo más allá de lo que podía poner en palabras.

Por muchos años escribí sin más objetivo que cubrir una necesidad que vivía dentro de mí. Ni siquiera yo la entendía; a veces me preguntaba cuál sería el fin de ese trabajo que me demandaba tanto tiempo y disciplina.

Cuando por fin, después de varios años, di por terminado mi libro, le mandé el texto a mi cuñada para que lo editara en un formato bonito e imprimirlo.

Pensé en hacer una edición pequeña y vender los libros en mis cursos y en el centro de yoga. Ahí es cuando apareció para mí el sincrodestino.

Ya hiciste el trabajo, ya te comprometiste, ya te dijo tu ego mil veces que sólo estás perdiendo tu tiempo y te acuerdas de cualquier cometario del exterior que pueda descalificar tu trabajo, pero aun así has seguido y por fin has terminado. Entonces sucede… Resulta que la socia de mi cuñada tenía un novio que era dueño de una editorial… ¡Ohh! Me preguntan si puedo darle el texto para leerlo. Unos días más tarde me manda un contrato para su publicación.

¡Wooooww!, no lo podía creer. Con esa posibilidad en la mesa, decidí ir más lejos. Me metí a la internet a ver cuál editorial publicaba a los autores hispanos que yo leía en Estados Unidos; la editorial era Random House, con oficinas en todo el mundo. "Qué daría yo por ser publicada por ellos", pensé.

Viajé a México para escuchar la oferta de publicación que tenía en la mesa, muy halagadora para mí. Rumbo a México, platicando con una amiga, le conté de mi gran suerte. Y me pregunta:

—¿Qué sabes de contratos de publicación.

—Nada —le dije.

—Bueno, ve a visitar a este amigo mío que se llama Luis; él trabaja en ese medio y te podrá asesorar.

Llegué a México y fui a ver a Luis con el contrato que me habían mandado por e-mail. Luis platicó conmigo un rato; hojeó mi libro, todavía un manuscrito, y me preguntó:

—Has oído de Random House.

—Sí, ¿por qué? —le dije. Se me quedó viendo, tomó el teléfono y llamó al director de Random House en México.

—Está frente a mí una mujer con una propuesta que creo deberías evaluar —le dijo.

Ahí quedó, no hubo ni un sí ni un no. Luis revisó mi contrato; me dijo que todo pintaba bien pero que viéramos si Random House mostraba interés.

Fui a un pueblo al día siguiente para reunirme con la editorial que me había ofrecido el contrato; era muy buena editorial pero más pequeña. Saliendo, sonó mi celular y era Luis; me preguntó si estaba disponible al día siguiente a las 10:00 a.m. para reunirme con Random House.

—¡Claro! —le dije.

Para mi sorpresa, al día siguiente, a las 10:00 a.m. en punto vi a Luis en la recepción de la editorial.

—¿Qué haces aquí —le pregunté. Lo acababa de conocer el día anterior y se presentó a apoyarme en la exposición de mi libro. Con esto me queda claro que la vida te pone angelitos en el camino. La junta fue un éxito; ver mi trabajo terminado y bien logrado entusiasmó a la editorial. De cualquier manera me comentaron que cualquier texto pasa por un consenso y varios comités y, por tanto, que no tendrían una respuesta para mí en alrededor de dos meses.

Un mes y medio después estaba de viaje en Roma; al revisar mis correos, tenía uno de Random House: "Buenas noticias, tu libro se publicará en México y Estados Unidos, nos pondremos en contacto contigo para la propuesta formal y contratos".

Woooooooowwwww. ¡Corrí a despertar a mi esposo, que estaba tomando una siesta, y nos fuimos a abrir un champagne y festejar!

Ésta es sólo una de muchas experiencias que he vivido que demuestran que al trabajar en tu llamado la vida se va acomodando para dar salida a lo que vienes a manifestar.

CÓMO VIVIR CON EXCELENCIA

> Vengan a la orilla, dijo él. Ellos dijeron: tenemos miedo. Vengan a la orilla, dijo él. Ellos vinieron. Él los empujó. ¡Y ellos volaron!
> GUILLAUME APOLLINAIRE

Vivir con excelencia significa vivir en tu ámbito, desde tu poder y usar tu lenguaje con congruencia (siendo tu palabra), con un alto grado de autoconocimiento, responsabilizándote de tu vida y reconociendo en cada momento tu poder de creación y oportunidad. Todo ello implica:

- Una declaración auténtica del ser; por ejemplo: "soy amor" o "soy paz".
- Una declaración de quién eres desde el *ser*, y cada vez que una situación se te presente regresar a esa declaración madre del ser. Por ejemplo, si estás en tu casa y comienzas una discusión con algún familiar, recuerda que te has comprometido a vivir en tu contexto de maestría; así, extráete de la situación y declara "soy paz" un sinnúmero de veces, hasta que cambies el tono energético y te vuelvas la paz misma. Entonces volverás a la situación bañado en esa paz. Esto debe ser lo más importante para ti; conquistar tu armonía y tu bienestar; vivir en la luz y soltar la reacción.
- Una acción comprometida (apegada a la palabra). Tus acciones en este lugar se relacionan con cuidar tu palabra; es decir, tu honor, lealtad y compromiso. En esta posición la acción toma un lugar importante. Cuando actuamos desde el amor, nos damos cuenta de que hay muchas acciones que podemos evitar y de esta manera también vamos a cuidar el tono energético para que, al actuar en lo que verdaderamente nos parece relevante, tengamos claridad, energía y fuerza para manifestar nuestras creaciones con lo mejor de nosotros mismos.
- Al crear desde el lugar de la conciencia comenzamos a vivir resultados bellos. Todo lo que la vida nos trae se vuelve un baile, pero también sabemos dejar ir y reconocemos qué oportunidades queremos usar para conquistar nuestros grandes propósitos. Escuchamos la vida, vemos las señales y vivimos con más tiempo, más despacio y más productivos.

Vivir con excelencia es reflejar en tu vida quién eres realmente y lo que es importante para ti; es sacarle todo el jugo a la vida; es estar presente en el momento, en la experiencia; es fluir en la vida con lo mejor de ti.

Al vivir con excelencia, viviremos por siempre en la respuestas a las preguntas:

- ¿Qué tiene esta experiencia para mí?
- ¿En qué puedo contribuir?
- ¿Quién quiero ser y qué manifestaré siendo así?
- ¿Cómo experimentaré la vida desde ese lugar?

Es mi interés que nos inspiremos unos a otros a vivir con excelencia, y que ésta permita florecer la magnífica esencia que tenemos como seres humanos.

En el recorrido por este libro aprendimos a conocernos, a identificar nuestra estructura interior, cómo reinventarnos para no vivir condicionados o condenados a una vida que no nos satisface, a abrirle las puertas a la vida, a crear frente a nosotros lo que queremos ver manifestado. Aprendimos también a identificar las principales fallas que existen en las relaciones humanas y cómo utilizar éstas para nuestro crecimiento al volver a nuestro ámbito y de ahí a nuestra verdad y poder. Finalmente vimos cómo, después de poner todo en juego, las cosas comenzarán a caer en su lugar para vivir la vida con excelencia y profunda felicidad.

Deseo que tu vida esté llena de magia, de poder de creación y de amor por ti y que tu legado a la posteridad sea tu sendero de vida.

CONCLUSIONES

Tenemos dos opciones en esta vida: crear la vida que deseamos vivir o ser víctimas de nuestras circunstancias y vivir con la creencia de que no había algo más para nosotros. Yo soy de la idea de que esta maravillosa experiencia de vida es un juego y que como tal tenemos que aprender sus reglas. Entre más sabes acerca del arte de vivir, mejoran tus estrategias, tus posibilidades y, por lo tanto, tu experiencia. El *coaching* propone que cada uno de nosotros no sólo somos creadores de nuestra realidad sino que además podemos inventar vidas sobre diseño; es decir, podemos elegir cómo y con quién nos relacionamos, de qué se trata nuestra vida e investigar qué venimos a manifestar en ella.

Hablar de diseño en relación con nuestra vida invita a entender la vida desde un eje muy poderoso. *Diseño* etimológicamente deriva del término italiano *disegno*, que significa "dibujo, designio, signar, signado", es decir: *lo por venir,* y soporta la visión representada del futuro; lo hecho es la obra, lo por hacer es el proyecto; el acto de diseñar como prefiguración es el proceso previo en la búsqueda de una solución o soluciones. Es plasmar el pensamiento de la solución mediante esbozos, dibujos, visiones, bocetos o esquemas trazados en cualquier soporte durante o después de un proceso de observación de alternativas o investigación.

El acto intuitivo de diseñar podría llamarse creatividad, acto de creación o innovación si el objeto no existe, o inspiración, abstracción, síntesis, ordenación y transformación si es una modificación de lo existente.

Con las herramientas, filosofía y planteamientos de este libro, te invito a que no sólo vivas tu vida sino que, como se plantea, uses lo que ahora sabes para diseñar esa vida que anhelas vivir, creando con ella la gran obra que deseas observar ese último día que estés frente al camino andado y sientas la profunda satisfacción que da un sendero bien trazado.

Este libro representa para mí todo el néctar de conocimientos que he adquirido en más de 10 años de andar en este camino. Mi deseo es que al comprender estas técnicas, al seguir estos conocimientos, tu vida se enriquezca y puedas manifestar mejor tu espíritu y tu corazón.

Cada uno de los conceptos aquí escritos ha tenido un impacto poderoso en mi vida; no podría entenderla hoy sin echar mano de ellos.

Grandes mentes han contribuido con los conocimientos que hoy te comparto. Por lo tanto, te recomiendo que te adentres en las lecturas de la bibliografía para que puedas ahondar en estos temas y vivir por siempre la vida como la gran celebración que debe ser.

Gracias, todo mi cariño siempre.

BIBLIOGRAFÍA

Arbinger Institute, *The Anatomy of Peace: Resolving the Heart of Conflict*, San Francisco, Berrett-Koehler Publishers, 2006.

Arbinger Institute, *Leadership and Self-Deception: Getting out of the Box*, San Francisco, Berrett-Koehler Publishers, 2010.

Bhagavad Gita, nueva traducción de Stephen Mitchell, Three Rivers Press, 2002.

Byron, Katie, y Stephen Mitchell, *Loving What Is: Four Questions That Can Change Your Life*, Nueva York, Three Rivers Press, 2003.

"Calorie Restriction, Exercise, Hormone Replacement, and Phytonutrients Fight Aging", Age Conference, *LE Magazine*, junio de 2002, Madison, Wisconsin.

Chalmers Brothers, *Language and the Pursuit of Happiness,* New Possibilities Press, Naples, Florida, 2005.

Chopra, Deepak, *Sincrodestino/the Spontaneous Fulfillment of Desire: Descifra el significado oculto de las coincidencias en tu vida y crea los milagros que has soñado*, Santillana, 2008.

Doidge, Norman, *The Brain That Changes Itself: Stories of Personal Triumph from the Frontiers of Brain Science*, New York, Penguin Books, 2007.

Howard, Christopher, *Turning Passions into Profits: Three Steps to Wealth and Power*, New Jersey, John Wiley & Soons, 2004.

Lao-Tzu, y Stephen Mitchell, *Tao Te Ching*, nueva versión en inglés, Perennial Classics, 2006.

LeMay, E., J. Pitts, y P. Gordon, *Heidegger para principiantes*, Liani, Mario, "Las enseñanzas de Viryon", en http://www.38uh.com. edición en español, Paperback, 2000.

Machado, Catalina, *Ensayo de física cuántica para la MMK Certificación.*

Mario Liani, "Las Enseñanzas de Kryon", en: http://www.38uh.com

Maturana, Humberto R., y Francisco Varela, *Tree of Knowledge*, Paperback, 1992.

Lin, Derek, *The Tao of Daily Life: The Mysteries of the Orient Revealed. The Joys of Inner Harmony. Found The Path to Enlightenment Illuminated*, 2007.

Ruiz, Miguel, y Luz Hernández, *Los cuatro acuerdos: una guía práctica para la libertad personal*, México, Urano, 2002.

Schucman, Helen, *A Course in Miracles*, Foundation for Inner Peace, 2007.

Shimoff, Marci, *Happy for No Reason: 7 Steps to Being Happy from the Inside Out*, Simon & Schuster, 2009.

Tolle, Eckhart, *El poder del ahora: un camino hacia la realización espiritual*, 2001.

Tolle, Eckhart, *Una Nueva Tierra: un despertar al propósito de su vida*, Norma, 2005.

Vitale, Joe, e Ihaleakala Hew Len, *Zero Limits: The Secret Hawaiian System for Wealth, Health, Peace, and More*, 2008.

Wheatley, Margaret, *Liderazgo y la Nueva Ciencia*, 1997.

Williamson, Marianne, *A Return to Love: Reflections on the Principles of "A Course in Miracles"*, 1900.

http://en.wikipedia.org/wiki/Bhagavad_Gita

http://sources.wikipedia.org/wiki/Letter_to_a_Hindu_-_Leo_Tolstoy

El arte de conocerte
de Alejandra Llamas
se terminó de imprimir en Agosto 2012 en
Drokerz Impresiones de México S.A. de C.V.
Venado N° 104, Col. Los Olivos
C.P. 13210, México, D. F.